高等职业教育课程改革示范教材

经济数学 （上册）

主　编　黄国建　蔡鸣晶

主　审　骈俊生　刘桂香

副主编　缪　蕙　冯　晨　王　罡

　　　　王　卉　崔　进　吴玉琴

　　　　张育蔺

南京大学出版社

图书在版编目（CIP）数据

经济数学. 上册 / 黄国建，蔡鸣晶主编. — 南京：
南京大学出版社，2017.8（2021.9 重印）
高等职业教育课程改革示范教材
ISBN 978 - 7 - 305 - 19037 - 7

Ⅰ. ①经…　Ⅱ. ①黄…　②蔡…　Ⅲ. ①经济数学—高
等职业教育—教材　Ⅳ. ①F224

中国版本图书馆 CIP 数据核字(2017)第 179270 号

教师扫一扫可
申请教学资源

学生扫一扫可见
配套学习资源

出版发行　南京大学出版社
社　　址　南京市汉口路 22 号　　邮　　编　210093
出 版 人　金鑫荣

丛 书 名　高等职业教育课程改革示范教材
书　　名　经济数学（上册）
主　　编　黄国建　蔡鸣晶
责任编辑　吴　华　　　　　　　编辑热线　025 - 83596997

照　　排　开卷文化传媒有限公司
印　　刷　常州市武进第三印刷有限公司
开　　本　787×1092　1/16　印张 8.5　字数 209 千
版　　次　2017 年 8 月第 1 版　2021 年 9 月第 3 次印刷
ISBN 978 - 7 - 305 - 19037 - 7
定　　价　22.00 元

网　　址:http://www.njupco.com
官方微博:http://weibo.com/njupco
微信服务号:njuyuexue
销售咨询热线:(025)83594756

前　言

　　《经济数学》是高等职业院校经济管理类专业学生必修的一门公共基础课,具有基础性、工具性和发展性.通过本课程的学习,使学生掌握与经济管理类专业相关的数学技术和数学文化,形成一定的调用数学知识来分析与解决经济问题的数学素养,培养创新意识和实践能力,为未来职业可持续发展奠定重要基础.

　　本教材作为实现上述课程功能的重要载体和系统有效开展教学活动的工具,围绕"满足专业技能培养需求、突出数学技术应用、体现素质教育"的理念,主要体现了以下几个特色:

1. 以人为本,突出数学文化素养和创新意识的培养

　　数学不仅是一种重要"工具",也是人类的重要"思维".教材中适时提炼了一些数学思想方法,有时整节介绍,有时一两句话点睛,以数学思想方法为载体,让学生在具体知识的学习中,感悟数学文化的魅力,提高思维能力,加强创新意识.

2. 充分考虑高职学生学习需求和特点,全新构建内容体系

　　全书以学用数学的主线构建内容体系,每部分内容按照"案例→概念→定理(性质)→计算→应用"的逻辑顺序组织为一个完整的教学单元,让学生带着问题去探寻知识,解决问题.

3. 降低理论难度和计算技巧,侧重数学基本概念和基本运算

　　降低理论难度,对有些定理,只给出定理并介绍其应用,不给出证明.教材尽可能用描述性语言讲解一些关键知识点,加强学生的感性认识.计算方面,侧重基本运算,例题与习题能体现基本概念与基本解题方法就行,不追求计算的复杂度与过度技巧性.

4. 版面设置灵动,激发学生学习兴趣

　　设置多种栏目和板块,版式编排清新灵动.例如"小贴士"、"小点睛"、"请思考"等栏目,相比传统数学教材能更好地吸引学生注意,帮助学生总结."小贴士":可以是对内容的进一步阐述,也可以是对重要内容的归纳总结."小点睛":在学习过程中进行适时点

拨,让学生在具体知识的学习中,感悟数学思想方法,不断发展数学思维."请思考":将有些与知识脉络相关的内容以问题思考的形式抛出,供学有余力的同学进一步探究.

5. 融入现代信息技术,丰富教学素材、拓展学习空间

在重要知识点边上插入二维码,学生课外可以通过扫描二维码观看该知识点的微课程视频讲解,突破了传统教学在时间和空间上的限制.

本教材上册由黄国建和蔡鸣晶担任主编,下册由周晓和陈静担任主编.全书共有十二章,上册第一章由吴玉琴、黄国建编写,第二章由黄国建、蔡鸣晶编写,第三章由王卉、崔进编写,第四章由王翌、张育蔺编写,第五章由缪蕙、冯晨编写;下册第一章、第二章由李建龙编写,第三章由陈静编写,第四章由秦红梅编写,第五章由张生华编写,第六章由陈旻霞编写,第七章由姚星桃编写.

骈俊生教授和刘桂香教授在本教材编写过程中多次予以悉心指导并担任主审,南京大学出版社及吴华编辑等对教材出版给予了大力支持与帮助,在此一并致以衷心感谢!

教材在南京信息职业技术学院和扬州市职业大学得到试用,效果良好,但囿于编者水平和编写时间,教材的设计思路和具体编写中肯定还存在诸多可以提升的地方,敬请同行专家及师生读者批评指正,以便更好地修订完善.

编　者

2017 年 6 月

目　录

第一章　函数的极限及其应用 ………………………………………………………… 001

第一节　函数及其性质 ……………………………………………………………… 002

第二节　极限的概念 ………………………………………………………………… 008

第三节　极限的计算方法 …………………………………………………………… 014

第四节　极限的应用 ………………………………………………………………… 019

第五节　数学思想方法（一）——极限思想 …………………………………… 025

复习题一 ……………………………………………………………………………… 032

第二章　一元函数微分学及其应用 ………………………………………………… 034

第一节　导数的概念 ………………………………………………………………… 035

第二节　导数的计算方法 …………………………………………………………… 040

第三节　导数的应用 ………………………………………………………………… 048

第四节　导数在经济分析中的应用 ……………………………………………… 055

第五节　微分及其应用 ……………………………………………………………… 058

第六节　数学思想方法（二）——化归法 ……………………………………… 061

复习题二 ……………………………………………………………………………… 063

第三章　多元函数微分学及其应用 ………………………………………………… 065

第一节　多元函数的概念 …………………………………………………………… 066

第二节　偏导数与全微分 …………………………………………………………… 067

第三节　约束优化模型及其在经济分析中的应用 …………………………… 071

第四节　数学思想方法（三）——类比法 ……………………………………… 075

复习题三 ……………………………………………………………………………… 076

第四章　一元函数积分学及其应用 ………………………………………………… 078

第一节　定积分的概念及其性质 ………………………………………………… 080

第二节　定积分的计算 ……………………………………………………………… 082

第三节　定积分的应用 ·· 098

第四节　数学思想方法（四）——逆向思维 ················· 102

复习题四 ·· 104

第五章　常微分方程及其应用 ··· 107

第一节　微分方程的概念 ·· 108

第二节　线性微分方程的解法及应用 ································· 113

第三节　数学思想方法（五）——猜想与证明 ············· 118

复习题五 ·· 121

参考答案 ·· 123

参考文献 ·· 129

第一章　函数的极限及其应用

学习目标

- 理解函数的概念,掌握基本初等函数的图像和性质,了解常用经济函数.
- 了解函数极限的概念和极限思想方法.
- 掌握极限的四则运算法则.
- 掌握两个重要极限.
- 了解无穷小的比较,会用等价无穷小代换计算极限.
- 理解函数连续性的概念.

本章主要介绍函数、极限以及函数连续性.高等数学的研究对象就是函数,函数的性质以及基本初等函数的图像是学习高等数学的必备内容.极限的思想方法贯穿整个高等数学各部分内容,需要熟练掌握极限的计算方法.

【连续复利的案例】

某人有 50 万元,想投资某基金 15 年,这个基金年平均获利率为 12%,那么 15 年后他可以有多少钱?

本金是 50 万元,则第一年的本利和是 $50(1+12\%)$ 万元,第二年的本利和是 $50(1+12\%)(1+12\%)=50(1+12\%)^2$,以此类推,第 15 年的本利和是 $50(1+12\%)^{15}$,计算结果为 2 736 783 元.

推广一下,设 P 是本金,r 为年复利率,n 是计息年数,若每满 $\frac{1}{t}$ 年计息一次,如何求本利 A 与计息年数 n 的函数模型呢?

由题意,每期的利率为 $\frac{r}{t}$,第一期末的本利和为:$A_1=P+P \cdot \frac{r}{t}=P\left(1+\frac{r}{t}\right)$,把 A_1 作为本金利息,则第二期的本利和为:$A_2=A_1+A_1 \cdot \frac{r}{t}=P\left(1+\frac{r}{t}\right)^2$,再把 A_2 作为本金利息,如此反复,第 n 年(第 nt 期)末的本利和为 $A_t=P\left(1+\frac{r}{t}\right)^{nt}$.

更进一步,如果计息间隔无限缩短,即连续复利,又该如何计算本金和利息总和呢?这个问题不仅在连续复利这个金融问题中有用,在自然界很多地方,如物体的冷却、镭的衰变、细胞的繁殖、树木生长等都有重要应用.

第一节　函数及其性质

一、函数的概念

（一）区间与邻域

1. 区间

在研究函数时，常常用到区间的概念，它是数学中常用的术语和符号.

设 $a,b \in \mathbf{R}$，且 $a < b$. 我们规定：

(1) 满足不等式 $a \leqslant x \leqslant b$ 的实数 x 的集合叫作闭区间，表示为 $[a,b]$；

(2) 满足不等式 $a < x < b$ 的实数 x 的集合叫作开区间，表示为 (a,b)；

(3) 满足不等式 $a \leqslant x < b$ 或 $a < x \leqslant b$ 的实数 x 的集合叫作半开区间，分别表示为 $[a,b)$，$(a,b]$. 这里的实数 a 和 b 叫作相应区间的端点.

以上这些区间都是有限区间，数 $b-a$ 称为这些区间的长度. 此外还有无限区间，例如：$(-\infty,b)=\{x \mid x < b\}$，$[a,+\infty)=\{x \mid x \geqslant a\}$，实数集 $\mathbf{R}=(-\infty,+\infty)$ 等都是无限区间.

2. 邻域

邻域也是一个集合. 设 δ 为任一正数，则开区间 $(x_0-\delta,x_0+\delta)$ 就是点 x_0 的 δ **邻域**，记作 $N(x_0,\delta)$，即

$$N(x_0,\delta)=\{x \mid |x-x_0| < \delta\}=(x_0-\delta,x_0+\delta).$$

点 x_0 称为此邻域的**中心**，δ 称为此邻域的**半径**. 有时用到的邻域需要把邻域的中心去掉. 满足不等式 $0 < |x-x_0| < \delta$ 的一切 x，称为**点 x_0 的去心 δ 邻域**，记作 $N(\hat{x}_0,\delta)$，即

$$N(\hat{x}_0,\delta)=\{x \mid 0 < |x-x_0| < \delta\}=(x_0-\delta,x_0) \bigcup (x_0,x_0+\delta).$$

为了方便，有时把开区间 $(x_0-\delta,x_0)$ 称为 x_0 的左邻域，把开区间 $(x_0,x_0+\delta)$ 称为 x_0 的右邻域.

（二）函数的概念

1. 函数的定义

定义 1.1　设 x 和 y 是两个变量，D 是一个给定的非空数集，如果对于 D 中每个数 x，变量 y 按照对应法则 f，总有唯一确定的数值与 x 对应，则称 y 是数集 D 上关于 x 的函数，记作 $y=f(x)$，数集 D 叫作这个函数的定义域，x 叫作自变量，y 叫作因变量. 当 x 取遍 D 中一切数时，与 x 对应的 y 的值组成的数集

$$M=\{y \mid y=f(x),x \in D\}$$

称为函数的值域.

1. 函数定义域的求法需要注意以下常见要求：

(1) 分式的分母不能为零；

(2) 偶次根式下被开方式必须大于或等于零；

(3) 对数的真数必须大于零,底必须大于零.

2. 函数的本质取决于对应法则,函数与选用什么字母来表示变量是无关的. $y=x^2$ 和 $s=t^2$ 表示的是同一个函数.

例 1.1.1　确定函数 $f(x)=\sqrt{3+2x-x^2}+\ln(x-2)$ 的定义域,并求 $f(3)$.

解　该函数的定义域应为满足不等式组 $\begin{cases} 3+2x-x^2 \geqslant 0 \\ x-2 > 0 \end{cases}$ 的 x 值的全体. 解不等式 $x^2-2x-3 \leqslant 0$,得 $-1 < x \leqslant 3$. 故该函数的定义域为 $D=(2,3]$,且

$$f(3)=\sqrt{3+2\times3-3^2}+\ln(3-2)=\ln1=0.$$

2. 反函数

定义 1.2　设有函数 $y=f(x)$,其定义域为 D,值域为 M. 如果对于 M 中的每一个 y 值,都可以从关系式 $y=f(x)$ 确定唯一的 x 值($x\in D$)与之对应,那么所确定的以 y 为自变量的函数 $x=\varphi(y)$ 叫作函数 $y=f(x)$ 的**反函数**,它的定义域为 M,值域为 D.

习惯上,函数的自变量都以 x 表示,因变量用 y 表示,所以函数 $y=f(x)$ 的反函数常表示为 $y=f^{-1}(x)$. 函数 $y=f(x)$ 的图形与其反函数 $y=f^{-1}(x)$ 的图形关于直线 $y=x$ 对称.

小点睛

反函数是一个典型的逆向思维的案例. 如果给定一个 x,都有唯一的 y 与之对应,就建立函数 $y=f(x)$；反过来思考,如果给定一个 y,也存在唯一的 x 与之对应,那么也就建立了函数 $x=f^{-1}(y)$,$y=f(x)$ 与 $x=f^{-1}(y)$ 两者互为反函数. 思维上的逆向,就产生了反函数这个概念.

3. 基本初等函数

在初等数学中已经讲过以下几类函数：

幂函数：$y=x^\mu$ ($\mu\in\mathbf{R}$ 是常数)；

指数函数：$y=a^x$ ($a>0$,且 $a\neq1$)；

对数函数：$y=\log_a x$ ($a>0$,且 $a\neq1$)；

三角函数：$y=\sin x$,$y=\cos x$,$y=\tan x$,$y=\cot x=\dfrac{1}{\tan x}$,$y=\sec x=\dfrac{1}{\cos x}$,$y=\csc x=\dfrac{1}{\sin x}$；

反三角函数：$y=\arcsin x$,$y=\arccos x$,$y=\arctan x$,$y=\text{arccot}\,x$.

以上这五类函数统称为**基本初等函数**. 下面我们复习一下反三角函数.

反正弦函数 $y=\arcsin x$ 的定义域为 $[-1,1]$，值域为 $\left[-\dfrac{\pi}{2},\dfrac{\pi}{2}\right]$，它在闭区间 $[-1,1]$ 上是单调增加函数（如图 $1-1$）；

反余弦函数 $y=\arccos x$ 的定义域为 $[-1,1]$，值域为 $[0,\pi]$，它在闭区间 $[-1,1]$ 上是单调减少函数（如图 $1-2$）；

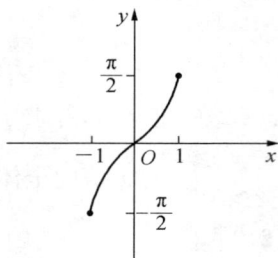
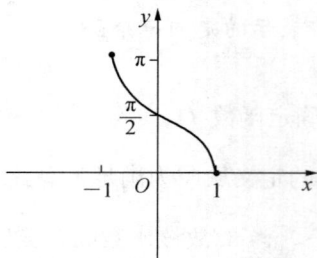

图 1－1 图 1－2

反正切函数 $y=\arctan x$ 的定义域为 $(-\infty,+\infty)$，值域为 $\left(-\dfrac{\pi}{2},\dfrac{\pi}{2}\right)$，它在区间 $(-\infty,+\infty)$ 内是单调增加函数（如图 $1-3$）；

反余切函数 $y=\operatorname{arccot}x$ 的定义域为 $(-\infty,+\infty)$，值域为 $(0,\pi)$，它在区间 $(-\infty,+\infty)$ 内是单调减少函数（如图 $1-4$）.

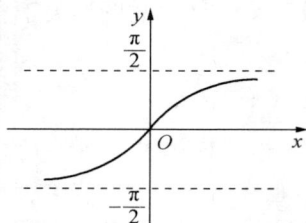
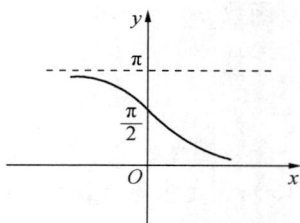

图 1－3 图 1－4

4. 复合函数

定义 1.3 设函数 $y=f(u)$ 的定义域为 U，函数 $u=\varphi(x)$ 的定义域为 X，若 $D=\{x\in X\,|\,\varphi(x)\in U\}\neq\varnothing$，则对任意 $x\in D$，通过 $u=\varphi(x)$，变量 y 总有确定的值 $f(u)$ 与之对应，这样就得到一个以 x 为自变量，y 为因变量的函数，该函数称为 $y=f(u)$ 和 $u=\varphi(x)$ 的复合函数，记作

$$y=f[\varphi(x)].$$

D 是它的定义域，u 称为中间变量.

小贴士　　对复合函数而言，我们要大家重点掌握复合函数的分解，即弄清楚函数是由哪些简单函数复合而成的，哪个是外函数，哪个是内函数. 这个问题跟后面的复合函数求导以及积分学中的凑微分都密切相关.

例 1.1.2 指出下列函数是由哪些简单函数复合而成的:

(1) $y = \cos^2 x$;

(2) $y = \sqrt{\ln(2^x - 1)}$.

解 (1) 函数 $y = \cos^2 x$ 是由 $y = u^2, u = \cos x$ 复合而成的.

(2) 函数 $y = \sqrt{\ln(2^x - 1)}$ 是由 $y = \sqrt{u}, u = \ln v, v = 2^x - 1$ 复合而成的.

5. 初等函数

定义 1.4 由常数和基本初等函数经过有限次的四则运算和有限次的函数复合步骤所构成,且可用一个式子表示的函数,称为**初等函数**.

例如,$y = \arcsin e^x$, $y = (3x - 1)^4$ 等.

6. 分段函数

有时,我们会遇到一个函数在自变量不同的取值范围内用不同的式子来表示的情形. 这样的函数称为**分段函数**. 分段函数一般不是初等函数. 现实生活中常遇到分段函数的应用,比如出租车分段计费、家用电费分峰时和峰谷的计费等都是分段函数的例子.

> **小贴士** 分段函数有两种形式:一种是分段两侧解析式不一样的,形如 $f(x) = \begin{cases} g(x) & x > x_0 \\ h(x) & x \leqslant x_0 \end{cases}$;还有一种就是分段两侧解析式是一致的,只在分段点处的值不一样的,形如 $f(x) = \begin{cases} g(x) & x \neq x_0 \\ a & x = x_0 \end{cases}$. 后面可以看出,这两种分段函数在计算分段点极限、导数等时,处理办法是不一样的.

例 1.1.3 设 $f(x) = \begin{cases} 1 & x > 0 \\ 0 & x = 0 \\ -1 & x < 0 \end{cases}$,求其定义域、值域及 $f(-2), f(0)$ 和 $f(2)$.

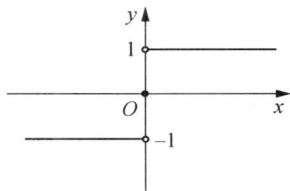

图 1-5

解 定义域 $D = \mathbf{R}$,值域 $M = \{-1, 0, 1\}$.

由定义可得:$f(-2) = -1, f(0) = 0, f(2) = 1$.

这里的 $f(x)$ 又称为**符号函数**,记为 $\mathrm{sgn}\, x$(如图 1-5).

二、函数的性质

(一) 奇偶性

定义 1.5 设函数 $y = f(x)$ 的定义域关于原点对称,如果对于定义域中的任何 x,都有 $f(-x) = f(x)$,则称 $y = f(x)$ 为**偶函数**;如果对于定义域中的任何 x,都有 $f(-x) = -f(x)$,则称 $y = f(x)$ 为**奇函数**. 不是偶函数也不是奇函数的函数,称为**非奇非偶函数**.

奇函数的图形关于原点对称,偶函数的图形关于 y 轴对称. 常函数 $y = C$(C 为任意常数)是唯一的既是奇函数又是偶函数的函数.

例 1.1.4 判断函数 $f(x) = \ln(x + \sqrt{x^2 + 1})$ 的奇偶性.

解　因为该函数的定义域为$(-\infty,+\infty)$,且有

$$f(-x)=\ln(-x+\sqrt{x^2+1})=\ln\frac{1}{x+\sqrt{x^2+1}}$$

$$=-\ln(x+\sqrt{x^2+1})=-f(x),$$

所以 $f(x)=\ln(x+\sqrt{x^2+1})$ 是奇函数.

解题中用到根式有理化,根式有理化的本质是平方差公式.

常见的奇函数有:$y=x$,$y=\dfrac{1}{x}$,$y=\sin x$,$y=\tan x$,$y=\cot x$,$y=\arcsin x$,$y=\arctan x$ 等.

常见的偶函数有:$y=x^2$,$y=x^{-2}$,$y=|x|$,$y=\cos x$ 等.

（二）单调性

定义 1.6　设函数 $y=f(x)$,x_1 和 x_2 为区间(a,b)内的任意两个数.

若当 $x_1<x_2$ 时,有 $f(x_1)<f(x_2)$,则称该函数在区间(a,b)内**单调增加**；

若当 $x_1<x_2$ 时,有 $f(x_1)>f(x_2)$,则称该函数在区间(a,b)内**单调减少**.

（三）有界性

定义 1.7　设函数 $y=f(x)$在区间 I 上有定义,若存在一个正数 M,对任意 $x\in I$,恒有 $|f(x)|\leqslant M$ 成立,则称函数 $y=f(x)$ 为 I 上的**有界函数**；如果不存在这样的正数 M,则称函数 $y=f(x)$ 为 I 上的**无界函数**.

从几何上看,如果 $y=f(x)$ 是区间 I 上的有界函数,那么它的图形在 I 上必介于两平行线 $y=\pm M$ 之间.

常见的有界函数有:$y=\sin x$,$y=\cos x$,$y=\arcsin x$,$y=\arccos x$,$y=\arctan x$,$y=\operatorname{arccot} x$ 等.

（四）周期性

定义 1.8　对于函数 $y=f(x)$,如果存在一个不为零的正数 L,使得对于定义域内的一切 x,等式 $f(x+L)=f(x)$ 都成立,则 $y=f(x)$ 叫作**周期函数**,L 叫作这个函数的**周期**.

对于每个周期函数来说,周期有无穷多个. 如果其中存在一个最小正数 a,则规定 a 为该周期函数的**最小正周期**,简称**周期**. 我们常说的某个函数的周期通常指的就是它的最小正周期. 例如,$y=\sin x$,$y=\tan x$ 的周期分别为 2π,π.

三、常用经济分析函数

1. 需求函数

市场对某种商品的需求量 q,主要受该商品价格的影响,通常降低价格会使需求量增加,提高商品价格会使需求量减少. 在假定其他条件不变的前提下,市场需求量 q 可视为该商品价格 p 的函数,称为需求函数,记作

$$q=q(p).$$

2. 供给函数

某种商品的市场供给量 s 也受该商品价格 p 的制约,价格上涨将刺激生产者向市场提供更多商品；反之,价格下跌将使供给减少. 在假定其他条件不变的前提下,市场供给量 s 可

视为该商品价格 p 的函数,称为供给函数,记作

$$s = s(p).$$

3. 成本函数

总成本由固定成本 C_0 和可变成本 $C_1(q)$ 两部分组成:$C(q) = C_0 + C_1(q)$,其中固定成本 C_0 与产量 q 无关,如厂房、机器设备折旧费等;变动成本 $C_1(q)$ 随产量 q 的增加而增加,如原材料费等.

生产 q 个单位产品时的平均成本为:$\overline{C} = \dfrac{C(q)}{q}$.

例 1.1.5 已知某种产品的总成本函数为 $C(q) = 500 + 0.2q^2$.求当生产 100 个该产品时的总成本和平均成本.

解 由题意,产量为 100 个时的总成本为 $C(100) = 500 + 0.2 \times 100^2 = 2\ 500$,产量为 100 个时的平均成本为 $\overline{C}(100) = \dfrac{C(100)}{100} = 25$.

4. 收入函数

总收入函数与产品的单价和产量或销售量有关. 如果产品的单位售价为 p,销售量为 q,那么总收入函数为 $R(q) = pq$.

例 1.1.6 设某商品的需求函数为 $q = 150 - 2p$(p 为售价),求当销售量为 80 个单位时,该商品的总收入和平均收入.

解 由于需求函数为 $q = 150 - 2p$,所以该商品的价格函数为 $p = \dfrac{150 - q}{2}$.因此,总收入函数为 $R(q) = pq = \dfrac{150 - q}{2} \cdot q$,$R(80) = -\dfrac{1}{2} \times 80^2 + 75 \times 80 = 2\ 800$,平均收入为 $\overline{R}(80) = \dfrac{R(80)}{80} = \dfrac{2\ 800}{80} = 35$.

5. 利润函数

总利润等于总收入与总成本的差,于是总利润函数为 $L(q) = R(q) - C(q)$.

例 1.1.7 已知某产品的成本函数为 $C(q) = 2q^2 - 24q + 81$,需求函数为 $q = 12 - p$(p 为价格),求该产品的利润函数,并说明该产品的盈亏情况.

解 由题意得收入函数为 $R(q) = pq = (12 - q)q = 12q - q^2$,所以利润函数为

$$L(q) = R(q) - C(q) = -3q^2 + 36q - 81 = -3(q^2 - 12q + 27).$$

又由 $L(q) = 0$ 可得盈亏平衡点 $q = 3$ 或 $q = 9$.容易看出,当 $q > 9$ 或 $q < 3$ 时,$L(q) < 0$,说明亏损;当 $3 < q < 9$ 时,$L(q) > 0$,说明盈利.

习题 1.1

1. 求下列函数的定义域:

(1) $y = \sqrt{2 - |x|}$;　　　　　　　　　　(2) $y = \ln(\ln x)$;

(3) $y=\begin{cases}-x & -1\leqslant x\leqslant 0 \\ \sqrt{3-x} & 0<x<2\end{cases}$;   (4) $y=f(\ln x)$，其中 $f(u)$ 的定义域为 $(0,1)$.

2. 确定下列函数的奇偶性：

(1) $f(x)=\sqrt{x}$;

(2) $f(x)=\dfrac{e^x-e^{-x}}{2}$（此函数称为双曲正弦，常记为 $\text{sh}x$）;

(3) $f(x)=\dfrac{e^x+e^{-x}}{2}$（此函数称为双曲余弦，常记为 $\text{ch}x$）.

3. 设 $f(x)=\arctan x$，求 $f(0)$，$f(-1)$，$f(x^2-1)$.

4. 设 $f(\sin x)=2-\cos 2x$，求 $f(x)$ 及 $f(\cos x)$.

5. 指出下列函数的复合过程：

(1) $y=\cos x^2$;   (2) $y=\ln(\sin^5 x)$;

(3) $y=\sin^3\left(2x+\dfrac{\pi}{5}\right)$;   (4) $y=e^{\sin 3x}$;

(5) $y=2^{\ln(x^3+2)}$;   (6) $y=\ln(\arctan\sqrt{1+x^2})$.

第二节　极限的概念

一、数列的极限

观察数列 $\left\{\dfrac{1}{2^n}\right\}$：$\dfrac{1}{2}$，$\dfrac{1}{2^2}$，$\dfrac{1}{2^3}$，$\cdots$，$\dfrac{1}{2^n}$，$\cdots$

当 n 无限增大时，通项 u_n 无限接近于常数 0.

定义 1.9 对于数列 $\{u_n\}$，如果当 n 无限增大时，通项 u_n 无限接近于某个确定的常数 A，则称 A 为数列 $\{u_n\}$ 的极限，或称数列 $\{u_n\}$ 收敛于 A，记为 $\lim\limits_{n\to\infty}u_n=A$ 或 $u_n\to A(n\to\infty)$；若数列 $\{u_n\}$ 没有极限，则称该数列发散.

> **小贴士**　从极限的定义可知，极限若存在，则是唯一的极限值，若 $\lim\limits_{x\to x_0}f(x)=A$，$\lim\limits_{x\to x_0}f(x)=B$，则 $A=B$.

例 1.2.1 观察下列数列的变化趋势，并求出数列的极限：

(1) $u_n=\dfrac{1}{n}$;   (2) $u_n=2-\dfrac{1}{n^2}$;   (3) $u_n=(-1)^n\dfrac{1}{3^n}$;

(4) $u_n=-3$;   (5) $u_n=(-1)^n$.

解 观察数列在 $n\to\infty$ 时的变化趋势，得

(1) $\lim\limits_{n\to\infty}\dfrac{1}{n}=0$;   (2) $\lim\limits_{n\to\infty}\left(2-\dfrac{1}{n^2}\right)=2$;   (3) $\lim\limits_{n\to\infty}(-1)^n\dfrac{1}{3^n}=0$;

(4) $\lim\limits_{n\to\infty}(-3)=-3$;   (5) $\lim\limits_{n\to\infty}(-1)^n$ 不存在.

二、函数的极限

函数的极限概念研究的是在自变量的某一变化过程中,函数值的变化趋势. 我们将就函数在自变量的两种不同变化过程中的变化趋势分别加以讨论:

扫一扫可见微课"函数的极限"

当自变量 x 的绝对值 $|x|$ 无限增大(记为 $x \to \infty$)时,函数 $f(x)$ 的极限;

当自变量 x 无限接近于有限值 x_0,即趋向于 x_0(记为 $x \to x_0$)时,函数 $f(x)$ 的极限.

1. $x \to \infty$ 时函数 $f(x)$ 的极限

函数的自变量 $x \to \infty$ 是指 x 的绝对值无限增大,它包含以下两种情况:

(1) x 取正值,无限增大,记作 $x \to +\infty$;

(2) x 取负值,它的绝对值无限增大(即 x 无限减小),记作 $x \to -\infty$.

定义 1.10 如果当 $x \to \infty$,函数 $f(x)$ 无限地趋近于一个确定的常数 A,则称 A 为**函数 $f(x)$ 当 $x \to \infty$ 时的极限**,记作 $\lim\limits_{x \to \infty} f(x) = A$.

定义 1.11 如果当 $x \to +\infty$ 时,函数 $f(x)$ 无限地趋近于一个确定的常数 A,则称 A 为**函数 $f(x)$ 当 $x \to +\infty$ 时的极限**,记作 $\lim\limits_{x \to +\infty} f(x) = A$.

定义 1.12 如果当 $x \to -\infty$ 时,函数 $f(x)$ 无限地趋近于一个确定的常数 A,则称 A 为**函数 $f(x)$ 当 $x \to -\infty$ 时的极限**,记作 $\lim\limits_{x \to -\infty} f(x) = A$.

例 1.2.2 讨论函数 $y = \dfrac{1}{x}$ 当 $x \to \infty$ 时的极限.

解 如图 1-6 所示,考察函数图像,显然有

$$\lim_{x \to +\infty} \frac{1}{x} = 0, \ \lim_{x \to -\infty} \frac{1}{x} = 0, \lim_{x \to \infty} \frac{1}{x} = 0.$$

例 1.2.3 讨论函数 $y = \arctan x$ 和 $y = \operatorname{arccot} x$ 当 $x \to \infty$ 时的极限.

解 由图 1-3 所示,有

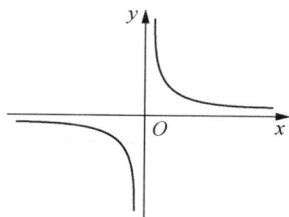

图 1-6

$$\lim_{x \to -\infty} \arctan x = -\frac{\pi}{2}, \ \lim_{x \to +\infty} \arctan x = \frac{\pi}{2},$$

$\lim\limits_{x \to \infty} \arctan x$ 不存在.

由图 1-4 所示,有

$$\lim_{x \to -\infty} \operatorname{arccot} x = \pi, \ \lim_{x \to +\infty} \operatorname{arccot} x = 0,$$

$\lim\limits_{x \to \infty} \operatorname{arccot} x$ 不存在.

从上面的讨论,显见如下定理:

定理 1.1 $\lim\limits_{x \to \infty} f(x)$ 存在的**充要条件**是 $\lim\limits_{x \to -\infty} f(x)$ 和 $\lim\limits_{x \to +\infty} f(x)$ 都存在且相等,即

$$\lim_{x \to \infty} f(x) = A \Leftrightarrow \lim_{x \to -\infty} f(x) = \lim_{x \to +\infty} f(x) = A.$$

2. $x \to x_0$ 时函数 $f(x)$ 的极限

记号 $x \to x_0$ 表示 x 无限趋近于 x_0，包括 x 从小于 x_0 和 x 从大于 x_0 的方向趋近于 x_0 两种情况：

(1) $x \to x_0^-$ 表示 x 从小于 x_0 的方向趋近于 x_0，如图 1-7(a)所示.

(2) $x \to x_0^+$ 表示 x 从大于 x_0 的方向趋近于 x_0，如图 1-7(b)所示.

(a)　　　　　　　(b)

图 1-7

定义 1.13 设函数 $f(x)$ 在 x_0 的某一去心邻域 $N(\hat{x}_0, \delta)$ 内有定义，当自变量 x 在 $N(\hat{x}_0, \delta)$ 内无限接近于 x_0 时，相应的函数值无限接近于常数 A，则称 A 为函数 $f(x)$ 当 $x \to x_0$ 时的极限，记作 $\lim\limits_{x \to x_0} f(x) = A$ 或 $f(x) \to A (x \to x_0)$.

观察图 1-8 及图 1-9，由定义 1.13 可得，

$$\lim_{x \to 1}(x+1) = 2, \lim_{x \to 1}\frac{x^2-1}{x-1} = 2.$$

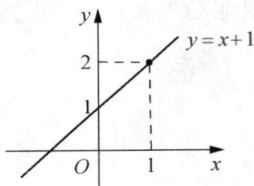

图 1-8

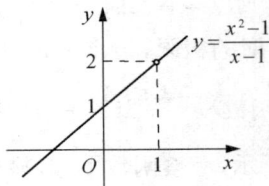

图 1-9

> **小贴士** 从上面例子可以看出，$\lim\limits_{x \to x_0} f(x)$ 是否存在与 $f(x)$ 在点 x_0 处是否有定义无关，极限是描述函数在 x_0 附近的变化趋势.

定义 1.14 如果当 $x \to x_0^-$ 时，函数 $f(x)$ 无限地趋近于一个确定的常数 A，则称 A 为函数 $f(x)$ 当 $x \to x_0$ 时的左极限，记作

$$\lim_{x \to x_0^-} f(x) = A \text{ 或 } f(x_0^-) = A.$$

定义 1.15 如果当 $x \to x_0^+$ 时，函数 $f(x)$ 无限地趋近于一个确定的常数 A，则称 A 为函数 $f(x)$ 当 $x \to x_0$ 时的右极限，记作

$$\lim_{x \to x_0^+} f(x) = A \text{ 或 } f(x_0^+) = A.$$

左极限和右极限统称单侧极限.

定理 1.2 $\lim\limits_{x \to x_0} f(x)$ 存在的**充要条件** 是 $\lim\limits_{x \to x_0^-} f(x)$ 和 $\lim\limits_{x \to x_0^+} f(x)$ 都存在且相等，即

$$\lim_{x \to x_0} f(x) = A \Leftrightarrow \lim_{x \to x_0^-} f(x) = \lim_{x \to x_0^+} f(x) = A.$$

对形如 $f(x) = \begin{cases} g(x) & x > x_0 \\ h(x) & x \leqslant x_0 \end{cases}$ 的分段函数,在分段点两侧函数的解析式不一样,分段点两侧函数值的变化趋势一般不一样,所以求分段点的极限必须用单侧极限来计算,当且仅当分段点两侧单侧极限都存在且相等时,在分段点的极限才存在.

❓ 请思考

形如 $f(x) = \begin{cases} y(x) & x \neq x_0 \\ a & x = x_0 \end{cases}$ 的分段函数,计算 $\lim\limits_{x \to x_0} f(x)$ 时不需要通过单侧极限计算,为什么?

例 1.2.4 已知 $f(x) = \begin{cases} 2x-1 & x \leqslant 1 \\ x & x > 1 \end{cases}$,求 $\lim\limits_{x \to 1} f(x)$.

解 因为 $\lim\limits_{x \to 1^-} f(x) = \lim\limits_{x \to 1^-} (2x-1) = 1$, $\lim\limits_{x \to 1^+} f(x) = \lim\limits_{x \to 1^+} x = 1$,

即
$$\lim_{x \to 1^-} f(x) = \lim_{x \to 1^+} f(x) = 1,$$

所以
$$\lim_{x \to 1} f(x) = 1.$$

例 1.2.5 讨论函数 $f(x) = \dfrac{|x|}{x}$ 当 $x \to 0$ 时的极限.

解 该函数可以表示为分段函数:$f(x) = \begin{cases} -1 & x < 0 \\ 1 & x > 0 \end{cases}$,于是

$$\lim_{x \to 0^-} f(x) = \lim_{x \to 0^-} (-1) = -1, \quad \lim_{x \to 0^+} f(x) = \lim_{x \to 0^+} 1 = 1,$$

即
$$\lim_{x \to 0^-} f(x) \neq \lim_{x \to 0^+} f(x),$$

所以
$$\lim_{x \to 0} f(x) \text{ 不存在}.$$

三、无穷小与无穷大

1. 无穷小的定义

定义 1.16 如果函数 $f(x)$ 当 $x \to x_0$(或 $x \to \infty$)时的极限为零,则称函数 $f(x)$ 为当 $x \to x_0$(或 $x \to \infty$)时的**无穷小量**,简称无穷小.

例如,因为 $\lim\limits_{x \to 1} \ln x = 0$,故 $f(x) = \ln x$ 是当 $x \to 1$ 时的无穷小;因为 $\lim\limits_{x \to \infty} \dfrac{1}{x} = 0$,故 $f(x) = \dfrac{1}{x}$ 是当 $x \to \infty$ 时的无穷小.

例 1.2.6 　自变量 x 在怎样的变化过程中, 下列函数为无穷小:

(1) $y = \dfrac{1}{x-1}$; 　　(2) $y = 2x-1$; 　　(3) $y = 2^x$; 　　(4) $y = \left(\dfrac{1}{4}\right)^x$.

解 　(1) 因为 $\lim\limits_{x\to\infty}\dfrac{1}{x-1} = 0$, 所以当 $x\to\infty$ 时, $\dfrac{1}{x-1}$ 为无穷小;

(2) 因为 $\lim\limits_{x\to\frac{1}{2}}(2x-1) = 0$, 所以当 $x\to\dfrac{1}{2}$ 时, $2x-1$ 为无穷小;

(3) 因为 $\lim\limits_{x\to-\infty} 2^x = 0$, 所以当 $x\to-\infty$ 时, 2^x 为无穷小;

(4) 因为 $\lim\limits_{x\to+\infty}\left(\dfrac{1}{4}\right)^x = 0$, 所以当 $x\to+\infty$ 时, $\left(\dfrac{1}{4}\right)^x$ 为无穷小.

2. 无穷大的定义

定义 1.17 　在自变量 x 的某个变化过程中, 若相应的函数值的绝对值 $|f(x)|$ 无限增大, 则称 $f(x)$ 为该自变量变化过程中的**无穷大量**, 简称**无穷大**; 如果相应的函数值 $f(x)$ (或 $-f(x)$) 无限增大, 则称 $f(x)$ 为该自变量变化过程中的**正(或负)无穷大**.

如果函数 $f(x)$ 是 $x\to x_0$ 时的无穷大, 记作 $\lim\limits_{x\to x_0} f(x) = \infty$;

如果函数 $f(x)$ 是 $x\to x_0$ 时的正无穷大, 记作 $\lim\limits_{x\to x_0} f(x) = +\infty$;

如果函数 $f(x)$ 是 $x\to x_0$ 时的负无穷大, 记作 $\lim\limits_{x\to x_0} f(x) = -\infty$.

例 1.2.7 　自变量在怎样的变化过程中, 下列函数为无穷大:

(1) $y = \dfrac{1}{x-1}$; 　　(2) $y = 2x-1$; 　　(3) $y = \ln x$; 　　(4) $y = 2^x$.

解 　(1) 因为 $\lim\limits_{x\to 1}(x-1) = 0$, 所以 $\dfrac{1}{x-1}$ 为 $x\to 1$ 时的无穷大;

(2) 因为 $\lim\limits_{x\to\infty}(2x-1) = \infty$, 所以 $2x-1$ 为 $x\to\infty$ 时的无穷大;

(3) 因为 $\lim\limits_{x\to 0^+}\ln x = -\infty$, $\lim\limits_{x\to+\infty}\ln x = +\infty$, 所以 $x\to 0^+$ 或 $x\to+\infty$ 时, $\ln x$ 都是无穷大;

(4) 因为 $\lim\limits_{x\to+\infty} 2^x = \infty$, 所以 2^x 为 $x\to+\infty$ 时的无穷大.

3. 无穷小与无穷大的性质

定理 1.3 　有限个无穷小的和、差、积仍为无穷小.

定理 1.4 无穷小与有界函数的积仍为无穷小.

定理 1.5 在自变量的变化过程中,无穷大的倒数是无穷小,不恒为零的无穷小的倒数为无穷大.

这个结论为我们处理无穷大的问题提供一个解决问题的思路,即可以把无穷大转化为无穷小来处理.

> **小贴士** 两个无穷小之商未必是无穷小,如 $x\to0$ 时,x 与 $2x$ 皆为无穷小,但由 $\lim\limits_{x\to0}\dfrac{2x}{x}=2$ 可知当 $x\to0$ 时,$\dfrac{2x}{x}$ 不是无穷小. 事实上,这是我们后面要讨论的不定式.

例 1.2.8 求下列函数的极限:

(1) $\lim\limits_{x\to0}x\sin\dfrac{1}{x}$;　(2) $\lim\limits_{x\to\infty}\dfrac{\arctan x}{x}$.

解 (1) 因为 $\lim\limits_{x\to0}x=0$,所以 x 为 $x\to0$ 时的无穷小,又因为 $\left|\sin\dfrac{1}{x}\right|\leqslant1$,即 $\sin\dfrac{1}{x}$ 为有界函数,所以 $x\sin\dfrac{1}{x}$ 仍为 $x\to0$ 时的无穷小,即

$$\lim_{x\to0}x\sin\frac{1}{x}=0.$$

(2) 因为 $\lim\limits_{x\to\infty}\dfrac{1}{x}=0$,所以 $\dfrac{1}{x}$ 为 $x\to\infty$ 时的无穷小,又因为 $|\arctan x|<\dfrac{\pi}{2}$,即 $\arctan x$ 为有界函数,所以 $\dfrac{1}{x}\arctan x$ 仍为 $x\to\infty$ 时的无穷小,即

$$\lim_{x\to\infty}\frac{\arctan x}{x}=0.$$

习题 1.2

1. 下列数列中极限存在的是(　　).

A. $2,\dfrac{5}{2},\dfrac{10}{3},\cdots,\dfrac{n^2+1}{n},\cdots$　　B. $1,2,3,\cdots,n,\cdots$

C. $1,-1,1,\cdots,(-1)^{n+1},\cdots$　　D. $2,\dfrac{3}{2},\dfrac{4}{3},\cdots,\dfrac{n+1}{n},\cdots$

2. 设函数 $f(x)=\begin{cases}x^2-1 & x<1\\0 & x=1\\1 & x>1\end{cases}$,证明当 $x\to1$ 时 $f(x)$ 的极限不存在.

3. 下列变量在其变化过程中极限存在的有(　　).

A. $e^{5x}(x\to-\infty)$　　B. $1+\sin x(x\to\infty)$

C. $\tan x\left(x\to\dfrac{\pi}{2}\right)$　　D. $3x^2(x\to\infty)$

4. 指出下列各题中函数在相应的自变量的变化趋势下是无穷大，还是无穷小？

(1) $3^{-x}(x \to +\infty)$；

(2) $e^x(x \to +\infty)$；

(3) $2^{\frac{1}{x}}(x \to 0)$；

(4) $\lg x(x \to 1)$；

(5) $\dfrac{x^2-4}{x+1}(x \to -1)$；

(6) $\dfrac{\sin x}{x}(x \to \infty)$.

5. 当 $x \to 0$ 时，下列变量为无穷小的是（　　　）.

    A. e^{x^2} B. $\dfrac{x-1}{x+1}$ C. $\sin^2 x$ D. $\cos\dfrac{1}{x}$

6. 计算极限：

(1) $\lim\limits_{x \to 0}\left(x\sin\dfrac{1}{x}\right)$；

(2) $\lim\limits_{x \to \infty}\dfrac{x-\cos x}{x}$.

第三节　极限的计算方法

一、极限的四则运算法则

定理 1.6　如果 $\lim f(x) = A$，$\lim g(x) = B$，那么

$$\lim[f(x) \pm g(x)] = \lim f(x) \pm \lim g(x) = A \pm B;$$
$$\lim[f(x) \cdot g(x)] = \lim f(x) \cdot \lim g(x) = A \cdot B;$$
$$\lim\frac{f(x)}{g(x)} = \frac{\lim f(x)}{\lim g(x)} = \frac{A}{B}(B \neq 0).$$

推论 1.1　常数可以提到极限号前面，即

$$\lim[Cf(x)] = C\lim f(x) = CA(C \text{ 为常数}).$$

推论 1.2　如果 $\lim f(x) = A$，而 n 为正整数，那么

$$\lim[f(x)]^n = [\lim f(x)]^n = A^n.$$

本教材中凡不标明自变量变化过程的极限号 $\lim$，均表示变化过程适用于 $x \to x_0$，$x \to \infty$ 等所有情形，以下不再一一注明.

例 1.3.1　计算 $\lim\limits_{x \to 2}(x^2 + 2x - 3)$.

解　$\lim\limits_{x \to 2}(x^2 + 2x - 3) = \lim\limits_{x \to 2}x^2 + \lim\limits_{x \to 2}2x - \lim\limits_{x \to 2}3$

$= (\lim\limits_{x \to 2}x)^2 + 2 \cdot \lim\limits_{x \to 2}x - 3 = 2^2 + 2 \times 2 - 3 = 5.$

例 1.3.2　计算 $\lim\limits_{x \to 1}\dfrac{x^2 - 2x + 5}{x^2 + 6}$.

解　因为 $\lim\limits_{x \to 1}(x^2 + 6) = 7 \neq 0$，所以

$$\lim\limits_{x \to 1}\frac{x^2 - 2x + 5}{x^2 + 6} = \frac{\lim\limits_{x \to 1}(x^2 - 2x + 5)}{\lim\limits_{x \to 1}(x^2 + 6)} = \frac{4}{7}.$$

例 1.3.3　计算 $\lim\limits_{x \to 2}\dfrac{x^2 - 3x + 2}{x^2 - x - 2}$.

解　因为 $x\to 2$ 时,分子、分母的极限均为 0,则分子和分母分解因式都有 $x-2$ 这个因式,所以可以约去这个公因子,故

$$\lim_{x\to 2}\frac{x^2-3x+2}{x^2-x-2}=\lim_{x\to 2}\frac{(x-1)(x-2)}{(x+1)(x-2)}=\lim_{x\to 2}\frac{x-1}{x+1}=\frac{1}{3}.$$

例 1.3.4　求 $\lim\limits_{x\to\infty}\dfrac{2x^2+x-3}{3x^2-x+2}$.

解　这是 $\dfrac{\infty}{\infty}$ 形式,可以将无穷大转化成无穷小来做,将分子、分母同时除以 x 的最高次幂,然后再求极限.

$$\lim_{x\to\infty}\frac{2x^2+x-3}{3x^2-x+2}=\lim_{x\to\infty}\frac{2+\dfrac{1}{x}-\dfrac{3}{x^2}}{3-\dfrac{1}{x}+\dfrac{2}{x^2}}=\frac{2}{3}.$$

> **小贴士**
>
> 一般的,有如下规律:
>
> $$\lim_{x\to\infty}\frac{a_0x^n+a_1x^{n-1}+\cdots+a_n}{b_0x^m+b_1x^{m-1}+\cdots+b_m}=\begin{cases}0 & \text{当 } m>n \text{ 时}\\ \dfrac{a_0}{b_0} & \text{当 } m=n \text{ 时}\\ \infty & \text{当 } m<n \text{ 时}\end{cases}\text{(其中 } a_0,b_0 \text{ 不等于 } 0\text{)}.$$

二、两个重要极限

1. $\lim\limits_{x\to 0}\dfrac{\sin x}{x}=1$

函数 $\dfrac{\sin x}{x}$ 的定义域为 $x\neq 0$ 的全体实数,当 $x\to 0$ 时,我们列出数值表(见表 1-1),观察其变化趋势.

表 1-1

x(弧度)	± 1.00	± 0.100	± 0.010	± 0.001	⋯
$\dfrac{\sin x}{x}$	0.841 470 98	0.998 334 17	0.999 983 34	0.999 999 84	⋯

由表 1-1 可知,当 $x\to 0$ 时,$\dfrac{\sin x}{x}\to 1$,根据极限的定义有 $\lim\limits_{x\to 0}\dfrac{\sin x}{x}=1$.

> **小贴士**
>
> 如果所求极限表达式中含三角函数,且为 $\dfrac{0}{0}$ 型不定式,可以考虑用第一个重要极限来计算.

例 1.3.5　计算 $\lim\limits_{x\to 0}\dfrac{\tan x}{x}$.

解 $\lim\limits_{x\to 0}\dfrac{\tan x}{x}=\lim\limits_{x\to 0}\left(\dfrac{\sin x}{x}\cdot\dfrac{1}{\cos x}\right)=\lim\limits_{x\to 0}\dfrac{\sin x}{x}\cdot\lim\limits_{x\to 0}\dfrac{1}{\cos x}=1\times 1=1.$

例 1.3.6 计算 $\lim\limits_{x\to 0}\dfrac{\sin 3x}{2x}$.

解 $\lim\limits_{x\to 0}\dfrac{\sin 3x}{2x}=\dfrac{3}{2}\lim\limits_{x\to 0}\dfrac{\sin 3x}{3x}=\dfrac{3}{2}\times 1=\dfrac{3}{2}.$

例 1.3.7 求 $\lim\limits_{x\to 0}\dfrac{1-\cos x}{x^2}$.

解 $\lim\limits_{x\to 0}\dfrac{1-\cos x}{x^2}=\lim\limits_{x\to 0}\dfrac{2\sin^2\dfrac{x}{2}}{x^2}=\dfrac{1}{2}\left(\lim\limits_{\frac{x}{2}\to 0}\dfrac{\sin\dfrac{x}{2}}{\dfrac{x}{2}}\right)^2=\dfrac{1}{2}.$

例 1.3.8 计算 $\lim\limits_{x\to 0}\dfrac{\tan x-\sin x}{x^3}$.

解 $\lim\limits_{x\to 0}\dfrac{\tan x-\sin x}{x^3}=\lim\limits_{x\to 0}\dfrac{\tan x(1-\cos x)}{x^3}=\lim\limits_{x\to 0}\left(\dfrac{\tan x}{x}\cdot\dfrac{1-\cos x}{x^2}\right)$

$=\lim\limits_{x\to 0}\dfrac{\tan x}{x}\cdot\lim\limits_{x\to 0}\dfrac{1-\cos x}{x^2}=1\times\dfrac{1}{2}=\dfrac{1}{2}.$

2. $\lim\limits_{x\to\infty}\left(1+\dfrac{1}{x}\right)^x=\mathrm{e}$

这个函数是幂指函数,极限的四则运算对它不适用,列出下表(见表 1-2)以探求 $x\to+\infty$ 时,函数 $\left(1+\dfrac{1}{x}\right)^x$ 的变化趋势(表中的数值除 $x=1$ 外,都是近似值):

表 1-2

x	1	2	10	1 000	10 000	100 000	1 000 000	⋯
$\left(1+\dfrac{1}{x}\right)^x$	2	2.25	2.594	2.717	2.718 1	2.718 2	2.718 28	⋯

从表 1-2 可以看出,当 x 取正值并无限增大时,$\left(1+\dfrac{1}{x}\right)^x$ 是逐渐增大的,但是不论 x 如何大,$\left(1+\dfrac{1}{x}\right)^x$ 的值总不会超过 3.事实上,可以证明

$$\lim\limits_{x\to\infty}\left(1+\dfrac{1}{x}\right)^x=\mathrm{e}.$$

若令 $\dfrac{1}{x}=t$,则 $x\to\infty$ 时,$t\to 0$,代入后得到这个重要极限的变形形式

$$\lim\limits_{t\to 0}(1+t)^{\frac{1}{t}}=\mathrm{e}.$$

> **小贴士** 如果所求极限表达式中含幂指函数,且为 1^∞ **不定型**,可以考虑用第二个重要极限来计算.

例 1.3.9 计算 $\lim\limits_{x\to 0}(1-x)^{\frac{1}{x}}$.

解 $\lim\limits_{x\to 0}(1-x)^{\frac{1}{x}}=\lim\limits_{x\to 0}\left[(1-x)^{-\frac{1}{x}}\right]^{-1}=e^{-1}=\dfrac{1}{e}$.

例 1.3.10 计算 $\lim\limits_{x\to 0}(1+3x)^{\frac{1}{x}}$.

解 $\lim\limits_{x\to 0}(1+3x)^{\frac{1}{x}}=\lim\limits_{x\to 0}\left[(1+3x)^{\frac{1}{3x}}\right]^3=\left[\lim\limits_{x\to 0}(1+3x)^{\frac{1}{3x}}\right]^3=e^3$.

例 1.3.11 计算 $\lim\limits_{x\to 0}\dfrac{\ln(1+x)}{x}$.

解 令 $(1+x)^{\frac{1}{x}}=u,x\to 0$ 时, $u\to e$.

$$\lim\limits_{x\to 0}\frac{\ln(1+x)}{x}=\lim\limits_{x\to 0}\ln(1+x)^{\frac{1}{x}}=\lim\limits_{u\to e}\ln u=1.$$

例 1.3.12 计算 $\lim\limits_{x\to 0}\dfrac{e^x-1}{x}$.

解 令 $e^x-1=u$, 则 $x=\ln(1+u)$, 且 $x\to 0$ 时, $u\to 0$, 所以

$$\lim\limits_{x\to 0}\frac{e^x-1}{x}=\lim\limits_{u\to 0}\frac{u}{\ln(1+u)}=\frac{1}{\lim\limits_{u\to 0}\dfrac{\ln(1+u)}{u}}=1.$$

例 1.3.13 计算 $\lim\limits_{x\to\infty}\left(\dfrac{3-x}{2-x}\right)^x$.

解 $\lim\limits_{x\to\infty}\left(\dfrac{3-x}{2-x}\right)^x=\lim\limits_{x\to\infty}\left(\dfrac{x-3}{x-2}\right)^x=\lim\limits_{x\to\infty}\left(1-\dfrac{1}{x-2}\right)^x$

$=\lim\limits_{x\to\infty}\left[\left(1-\dfrac{1}{x-2}\right)^{x-2}\cdot\left(1-\dfrac{1}{x-2}\right)^2\right]$

$=\lim\limits_{x\to\infty}\left(1-\dfrac{1}{x-2}\right)^{x-2}\cdot\lim\limits_{x\to\infty}\left(1-\dfrac{1}{x-2}\right)^2=\dfrac{1}{e}\cdot 1=\dfrac{1}{e}$.

小点睛

在用第一或第二重要极限计算时,总会用到整体变量代换的方法.公式中的 x 可以是任何你想代换的表达式,只要满足公式的要求就可以. 如果 $\lim\varphi(x)=0$, 则 $\lim\limits_{\varphi(x)\to 0}\dfrac{\sin\varphi(x)}{\varphi(x)}=1$. 同样, 若 $\lim\varphi(x)=\infty$, 则 $\lim\limits_{\varphi(x)\to\infty}\left(1+\dfrac{1}{\varphi(x)}\right)^{\varphi(x)}=e$. 若 $\lim\varphi(x)=0$, $\lim\limits_{\varphi(x)\to 0}(1+\varphi(x))^{\frac{1}{\varphi(x)}}=e$.

三、无穷小等价代换

1. 无穷小的比较

不同的无穷小,趋于零的速度会有快有慢,比如 $x\to 0$ 的过程中, x^2 趋于零的速度会比 $3x$ 趋于零的速度快. 我们可以用无穷小阶这个概念来衡量无穷小趋于零的速度快慢.

定义 1.18 设 α,β 都是在同一自变量的变化过程中的无穷小,且 $\alpha\neq 0$.

（1）如果 $\lim\dfrac{\beta}{\alpha}=0$，就说 β 是比 α **高阶**的无穷小，反之，β 是比 α **低阶的无穷小**；

（2）如果 $\lim\dfrac{\beta}{\alpha}=c\neq 0$，就说 β 与 α 是**同阶无穷小**.

特别地，如果 $\lim\dfrac{\beta}{\alpha}=1$，就说 β 与 α 是**等价无穷小**，记作 $\beta\sim\alpha$.

例如，因为 $\lim\limits_{x\to 0}\dfrac{3x^2}{x}=0$，所以当 $x\to 0$ 时，$3x^2$ 是比 x 高阶的无穷小；

$\lim\limits_{x\to 0}\dfrac{\tan x}{x}=1$，所以当 $x\to 0$ 时，$\tan x$ 与 x 是等价无穷小；

$\lim\limits_{x\to 0}\dfrac{1-\cos x}{x^2}=\dfrac{1}{2}$，所以当 $x\to 0$ 时，$1-\cos x$ 与 x^2 是同阶无穷小.

2. 无穷小等价代换

定理 1.7（等价无穷小替换） 设 $\alpha,\beta,\alpha',\beta'$ 是自变量同一变化过程中的无穷小，且 $\alpha\sim\alpha',\beta\sim\beta'$，$\lim\dfrac{\beta'}{\alpha'}$ 是同一变化过程中的极限，则当极限 $\lim\dfrac{\beta'}{\alpha'}$ 存在时，极限 $\lim\dfrac{\beta}{\alpha}$ 也存在，且

$$\lim\frac{\beta}{\alpha}=\lim\frac{\beta'}{\alpha'}.$$

证明 $\lim\dfrac{\beta}{\alpha}=\lim\left(\dfrac{\alpha'}{\alpha}\cdot\dfrac{\beta'}{\alpha'}\cdot\dfrac{\beta}{\beta'}\right)=\lim\dfrac{\alpha'}{\alpha}\cdot\lim\dfrac{\beta'}{\alpha'}\cdot\lim\dfrac{\beta}{\beta'}=\lim\dfrac{\beta'}{\alpha'}$.

定理 1.7 表明，求两个无穷小之比的极限时，分子分母都可用等价无穷小来代替. 因此，如果用来代替的无穷小选得得当的话，可以使计算简化.

由前面的讨论，可以得出一些常用的等价无穷小，当 $x\to 0$ 时：

$\sin x\sim x,\tan x\sim x,\arcsin x\sim x,\arctan x\sim x,\mathrm{e}^x-1\sim x$，

$\ln(1+x)\sim x,1-\cos x\sim\dfrac{1}{2}x^2,\sqrt[n]{1+x}-1\sim\dfrac{1}{n}x$ $(n\in\mathbf{Z}_+)$.

小 点 睛

在极限运算中灵活地运用这些等价无穷小，可以为计算提供极大的方便. 在使用的时候要学会整体换元的方法. 比如，当 $x\to 0$ 时，$\sin x^2\sim x^2$；当 $x\to 1$ 时，$\sin(x-1)\sim x-1$；当 $x\to\infty$ 时，$\sin\dfrac{1}{x}\sim\dfrac{1}{x}$ 等. 要习惯并熟练运用这种整体换元的办法，高等数学中还有很多地方都用到这种方法.

例 1.3.14 计算 $\lim\limits_{x\to 0}\dfrac{\ln(1-2x)}{\mathrm{e}^{3x}-1}$.

解 因为当 $x\to 0$ 时，$\ln(1-2x)\sim -2x$，$\mathrm{e}^{3x}-1\sim 3x$，所以

$$\lim_{x\to 0}\frac{\ln(1-2x)}{\mathrm{e}^{3x}-1}=\lim_{x\to 0}\frac{-2x}{3x}=-\frac{2}{3}.$$

例 1.3.15 用等价无穷小量的代换，求 $\lim\limits_{x \to 0} \dfrac{\tan x - \sin x}{x^3}$.

解 因为 $\tan x - \sin x = \tan x(1 - \cos x)$，而 $x \to 0$ 时，$\tan x \sim x$，$1 - \cos x \sim \dfrac{1}{2}x^2$，所以

$$\lim_{x \to 0} \frac{\tan x - \sin x}{x^3} = \lim_{x \to 0} \frac{\tan x(1 - \cos x)}{x^3} = \lim_{x \to 0} \frac{x \cdot \dfrac{1}{2}x^2}{x^3} = \frac{1}{2}.$$

必须强调指出，在极限运算中，恰当地使用等价无穷小的代换，能起到简化运算的作用，只能是对分子或分母的乘积因子整体代换，不能对加减的项代换.

本题若以 $\tan x \sim x$，$\sin x \sim x$ 直接代入分子，得到错误结果：

$$\lim_{x \to 0} \frac{\tan x - \sin x}{x^3} = \lim_{x \to 0} \frac{x - x}{x^3} = 0.$$

习题 1.3

1. 求下列极限：

(1) $\lim\limits_{x \to 3} \dfrac{x^2 - 9}{x^4 + x^2 + 1}$;

(2) $\lim\limits_{x \to 5} \dfrac{x^2 - 6x + 5}{x - 5}$;

(3) $\lim\limits_{x \to 1} \dfrac{x^2 - 2x + 1}{x^3 - x}$;

(4) $\lim\limits_{x \to -1} \dfrac{x^2 + 6x + 5}{x^2 - 3x - 4}$;

(5) $\lim\limits_{x \to \infty} \dfrac{x^2 + 2x - 5}{x^3 + x + 5}$;

(6) $\lim\limits_{x \to \infty} \dfrac{3x^3 - 4x^2 + 2}{7x^3 + 5x^2 - 3}$.

2. 计算下列极限：

(1) $\lim\limits_{x \to 0} \dfrac{\ln(1 - x^2)}{\arcsin^2 3x}$;

(2) $\lim\limits_{x \to 0} \dfrac{\sin x^2}{\sin^2 x}$;

(3) $\lim\limits_{x \to 0} \dfrac{1 - \cos 2x}{x \sin x}$;

(4) $\lim\limits_{x \to 0^-} \dfrac{2x}{\sqrt{1 - \cos x}}$;

(5) $\lim\limits_{x \to -1} \dfrac{\sin(x^2 - 1)}{x + 1}$;

(6) $\lim\limits_{x \to \infty} \left(1 - \dfrac{4}{x}\right)^{2x}$;

(7) $\lim\limits_{x \to \infty} \left(\dfrac{x}{1 + x}\right)^{5x + 2}$;

(8) $\lim\limits_{x \to 0} (1 - 3x)^{\frac{2}{x}}$.

第四节 极限的应用

极限这一数学思想方法贯穿整个高等数学始终. 本节主要介绍如何用极限来定义和判断函数是否连续，以及极限在连续复利这一经济分析中的应用.

一、函数的连续性

1. 函数 $y = f(x)$ 在点 x_0 处的连续性

定义 1.19 设函数 $y = f(x)$ 在点 x_0 的某邻域内有定义，如果当自变量 x 在 x_0 处的增

量 Δx 趋于零时,相应的函数增量 $\Delta y = f(x_0 + \Delta x) - f(x_0)$ 也趋于零,即

$$\lim_{\Delta x \to 0} \Delta y = \lim_{\Delta x \to 0} [f(x_0 + \Delta x) - f(x_0)] = 0,$$

则称函数 $y = f(x)$ 在点 x_0 **连续**,也称点 x_0 为函数 $y = f(x)$ 的**连续点**.

$\lim\limits_{\Delta x \to 0} [f(x_0 + \Delta x) - f(x_0)] = \lim\limits_{\Delta x \to 0} f(x_0 + \Delta x) - f(x_0) = 0$,若再令 $x = x_0 + \Delta x$,可以得到如下定义.

定义 1.20 设函数 $y = f(x)$ 在点 x_0 的某邻域内有定义,如果 $x \to x_0$ 时,相应的函数值 $f(x) \to f(x_0)$,即

$$\lim_{x \to x_0} f(x) = f(x_0),$$

则称函数 $y = f(x)$ 在点 x_0 处**连续**,也称点 x_0 为函数 $y = f(x)$ 的**连续点**. 函数 $y = f(x)$ 在点 x_0 处**不连续**,则 点 x_0 为函数 $y = f(x)$ 的**间断点**.

从定义可以看出,函数 $y = f(x)$ 在点 x_0 处连续必须同时满足以下三个条件:

(1) 函数 $y = f(x)$ 在点 x_0 的某个邻域内有定义;

(2) 极限 $\lim\limits_{x \to x_0} f(x)$ 存在;

(3) x_0 处极限值等于函数值,即 $\lim\limits_{x \to x_0} f(x) = f(x_0)$.

小 点 晴

我们是通过极限的方法来定义函数连续性的.事实上,后面的一些重要概念仍然会通过极限的思想方法来定义,比如导数就是增量比值的极限,积分就是积分和极限,级数是否收敛要看前 n 项和的极限是否存在,等等.极限的思想方法贯穿整个高等数学.

例 1.4.1 讨论函数 $f(x) = x + 1$ 在 $x = 2$ 处的连续性.

解 $f(2) = 3$;

$\lim\limits_{x \to 2} f(x) = \lim\limits_{x \to 2}(x + 1) = 3$;

即 $\lim\limits_{x \to 2} f(x) = f(2) = 3$ (如图 1-10).

因此,函数 $f(x) = x + 1$ 在 $x = 2$ 处连续.

例 1.4.2 讨论函数 $f(x) = \begin{cases} x\sin\dfrac{1}{x} & x \neq 0 \\ 0 & x = 0 \end{cases}$ 在 $x = 0$ 处的连续性.

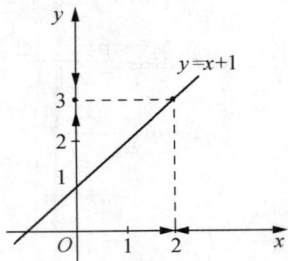

解 $f(x)$ 在 $x = 0$ 及其邻域有定义且 $f(0) = 0$,

$$\lim_{x \to 0} f(x) = \lim_{x \to 0} x\sin\frac{1}{x} = 0.$$

图 1-10

因此,函数 $f(x)=\begin{cases} x\sin\dfrac{1}{x} & x\neq0 \\ 0 & x=0 \end{cases}$ 在 $x=0$ 处连续.

例 1.4.3 讨论函数 $f(x)=\begin{cases} x-1 & x\leqslant1 \\ x+1 & x>1 \end{cases}$ 在 $x=1$ 处的连续性.

解 $f(x)$ 在 $x=1$ 及其邻域有定义且 $f(1)=0$;

$$\lim_{x\to1^-}f(x)=\lim_{x\to1^-}(x-1)=0,$$

$$\lim_{x\to1^+}f(x)=\lim_{x\to1^+}(x+1)=2.$$

因为 $\lim\limits_{x\to1^-}f(x)\neq\lim\limits_{x\to1^+}f(x)$,所以 $\lim\limits_{x\to1}f(x)$ 不存在.

因此,函数 $f(x)=\begin{cases} x-1 & x\leqslant1 \\ x+1 & x>1 \end{cases}$ 在 $x=1$ 处不连续,$x=1$ 是

$f(x)$ 的一个间断点(如图 $1-11$).

2. 左连续与右连续

函数 $y=f(x)$ 在 x_0 处的左、右连续的定义如下:

定义 1.21 如果函数 $y=f(x)$ 在 $(x_0-\delta,x_0]$ 有定义,且 $\lim\limits_{x\to x_0^-}f(x)=f(x_0)$,则称函数 $y=f(x)$ 在点 x_0 处**左连续**.如果函数 $y=f(x)$ 在 $[x_0,x_0+\delta)$ 有定义,且 $\lim\limits_{x\to x_0^+}f(x)=f(x_0)$,则称函数 $y=f(x)$ 在点 x_0 处**右连续**.

定理 1.8 函数 $y=f(x)$ 在点 x_0 处连续的**充要条件**是函数 $y=f(x)$ 在点 x_0 处既左连续又右连续,即

$$y=f(x)\text{在点}x_0\text{连续}\Longleftrightarrow y=f(x)\text{在点}x_0\text{处既左连续又右连续}.$$

例 1.4.4 讨论函数 $f(x)=\begin{cases} 1+\cos x & x<\dfrac{\pi}{2} \\ \sin x & x\geqslant\dfrac{\pi}{2} \end{cases}$ 在点 $x=\dfrac{\pi}{2}$ 处的连续性.

解 这是一个分段函数在分界点处的连续性问题.

$f(x)$ 在点 $x=\dfrac{\pi}{2}$ 及其近旁有定义且 $f\left(\dfrac{\pi}{2}\right)=1$.

讨论函数 $f(x)$ 在点 $x=\dfrac{\pi}{2}$ 的左、右连续性:

因为 $$\lim_{x\to\frac{\pi}{2}^-}f(x)=\lim_{x\to\frac{\pi}{2}^-}(1+\cos x)=1=f\left(\dfrac{\pi}{2}\right),$$

得 $f(x)$ 在点 $x=\dfrac{\pi}{2}$ 处左连续.

又因为 $$\lim_{x\to\frac{\pi}{2}^+}f(x)=\lim_{x\to\frac{\pi}{2}^+}\sin x=1=f\left(\dfrac{\pi}{2}\right),$$

得 $f(x)$ 在点 $x=\dfrac{\pi}{2}$ 处右连续.

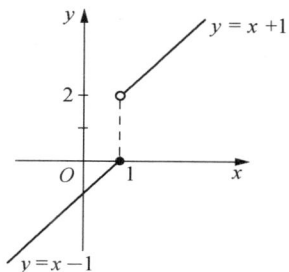

图 $1-11$

所以 $f(x)$ 在点 $x=\frac{\pi}{2}$ 处既左连续，又右连续，因此，$f(x)$ 在点 $x=\frac{\pi}{2}$ 处连续.

3. 函数 $y=f(x)$ 在区间 $[a,b]$ 上的连续性

定义 1.22 如果函数 $y=f(x)$ 在开区间 (a,b) 内的每一点都连续，则称函数 $y=f(x)$ 是 (a,b) 内的连续函数. 如果函数 $y=f(x)$ 在闭区间 $[a,b]$ 上有定义，在开区间 (a,b) 内连续，且在左端点 a 处右连续，即 $\lim\limits_{x \to a^+} f(x)=f(a)$，在右端点 b 处左连续，即 $\lim\limits_{x \to b^-} f(x)=f(b)$，则称函数 $y=f(x)$ 在闭区间 $[a,b]$ 上**连续**，或者说 $y=f(x)$ 是闭区间 $[a,b]$ 上的连续函数. 连续函数的图形是一条连续不间断的曲线.

由基本初等函数的定义及图形可得：**基本初等函数在其定义区间内都连续**. 定义区间是包含于定义域的一个区间.

二、初等函数的连续性及性质

1. 初等函数的连续性

根据函数在一点连续的定义及函数极限的运算法则，可以证明连续函数的和、差、积、商仍然是连续函数.

定理 1.9 若函数 $f(x)$，$g(x)$ 在点 x_0 处连续，则函数 $f(x) \pm g(x)$，$f(x) \cdot g(x)$，$\frac{f(x)}{g(x)}$ $(g(x_0) \neq 0)$ 在点 x_0 处也连续.

证明 因为 $f(x)$，$g(x)$ 在点 x_0 处连续，即 $\lim\limits_{x \to x_0} f(x)=f(x_0)$，$\lim\limits_{x \to x_0} g(x)=g(x_0)$.

由极限的运算法则，得到

$$\lim\limits_{x \to x_0} [f(x) \pm g(x)] = \lim\limits_{x \to x_0} f(x) \pm \lim\limits_{x \to x_0} g(x) = f(x_0) \pm g(x_0).$$

因此，函数 $f(x) \pm g(x)$ 在点 x_0 处连续.

类似可证明后两个结论.

注意 和、差、积的情况可以推广到有限多个函数的情形.

> **小贴士** 连续是通过极限来定义的，所以四则运算保持函数的连续性这一性质，实际上就是极限的四则运算性质推出来的.

我们再看复合函数的连续性，有如下定理：

定理 1.10（复合函数的连续性） 设有复合函数 $y=f[\varphi(x)]$，若 $\varphi(x)$ 在点 x_0 处连续，设 $\varphi(x_0)=u_0$，且函数 $f(u)$ 在 $u=u_0$ 连续，则复合函数 $y=f[\varphi(x)]$ 在 $x=x_0$ 处也连续.

推论 1.3 若 $\lim\varphi(x)=u_0$，函数 $y=f(u)$ 在点 u_0 处连续，则复合函数的极限运算与函数运算可以交换次序，即

$$\lim f[\varphi(x)] = f[\lim \varphi(x)].$$

根据以上讨论，基本初等函数在定义区间内是连续的，四则运算保持函数的连续性，复

合也会保持函数的连续性,所以可以有如下定理.

定理 1.11 初等函数在其定义区间内是连续的.

这个定理为我们提供了计算初等函数极限的一种方法:如果函数 $y=f(x)$ 是初等函数,而且点 x_0 是其定义区间内的一点,那么一定有 $\lim\limits_{x \to x_0} f(x)=f(x_0)$. 在我们所学的范围内,除了分段函数剩下的都是初等函数,所以只要把极限点 x_0 代入极限表达式 $f(x)$ 后能计算出函数值 $f(x_0)$,则极限 $\lim\limits_{x \to x_0} f(x)$ 就等于函数值 $f(x_0)$. 所以极限计算一开始应该将极限点 x_0 代入极限表达式 $f(x)$,能计算函数值就已经算出极限了,若不能计算出函数值,也可以判断属于什么类型的极限.

例 1.4.5 计算 $\lim\limits_{x \to e^-} \arcsin(\ln x)$.

解 因为 $\arcsin(\ln x)$ 是初等函数,且 $x=e$ 是它的定义区间的右端点,由定理 1.10,有

$$\lim_{x \to e^-} \arcsin(\ln x) = \arcsin\left(\lim_{x \to e^-} \ln x\right)$$
$$= \arcsin(\ln e) = \arcsin 1 = \frac{\pi}{2}.$$

例 1.4.6 计算 $\lim\limits_{x \to 0} \dfrac{\sqrt{1+x^2}-1}{x}$.

解 所给函数是初等函数,但它在 $x=0$ 处无定义,故不能直接应用定理 1.11. 易判断这是一个"$\dfrac{0}{0}$"型的极限问题.经过分子有理化,可得到一个在 $x=0$ 处的连续函数,再计算极限,即

$$\lim_{x \to 0} \frac{\sqrt{1+x^2}-1}{x} = \lim_{x \to 0} \frac{(\sqrt{1+x^2}-1)(\sqrt{1+x^2}+1)}{x(\sqrt{1+x^2}+1)} = \lim_{x \to 0} \frac{x}{\sqrt{1+x^2}+1} = 0.$$

2. 闭区间上连续函数的性质

定义在闭区间上的连续函数,有几个主要性质十分有用,下面只给出结论而不予证明.

定理 1.12(有界性与最大值与最小值定理) 若函数 $f(x)$ 在闭区间 $[a,b]$ 上连续,则函数 $f(x)$ 在闭区间 $[a,b]$ 上有界且一定能取得它的最大值和最小值.

定理的结论从几何直观上看是明显的(如图 1-12),闭区间上的连续函数的图像是包括两端点的一条不间断的曲线,该曲线上最高点 P 和最低点 Q 的纵坐标分别是函数的最大值 M 和最小值 m,函数在该区间上是有界的.

定理 1.13(根的存在定理) 如果函数 $f(x)$ 在闭区间 $[a,b]$ 上连续,且 $f(a) \cdot f(b) < 0$,则方程 $f(x)=0$ 在 (a,b) 内至少存在一个实根 ξ,即在区间 (a,b) 内至少有一点 ξ,使 $f(\xi)=0$.

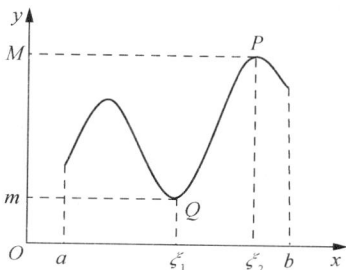

图 1-12

这个定理的几何意义更明显,如图 1-13 所示,由条件 $f(a)\cdot f(b)<0$,说明闭区间 $[a,b]$ 上连续曲线的两个端点 $(a,f(a))$ 和 $(b,f(b))$ 分布在 x 轴的上下两侧,连续曲线上点的纵坐标从正值变到负值,或从负值变到正值都必然要经过 0,即曲线必然要和 x 轴相交.设交点横坐标为 ξ,则有 $f(\xi)=0$.

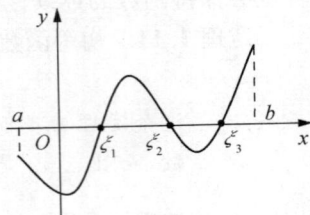

图 1-13

例 1.4.7 证明方程 $x^4-4x+2=0$ 在区间 $(1,2)$ 内至少有一个实根.

证明 设 $f(x)=x^4-4x+2$,因为它在闭区间 $[1,2]$ 上连续且 $f(1)=-1<0,f(2)=10>0$,由根的存在定理可知,至少存在一点 $\xi\in(1,2)$,使得 $f(\xi)=0$.这表明所给方程在 $(1,2)$ 内至少有一个实根.

三、极限在经济分析中的应用

回到本章开始的连续复利的案例,n 年末(一年计息 t 期)的本利和为 $A_t=P\left(1+\dfrac{r}{t}\right)^{nt}$,假设计息间隔无限缩短,即当 $t\to\infty$ 时,可以得到连续复利的计算公式为

$$A=\lim_{t\to\infty}P\left(1+\frac{r}{t}\right)^{nt}=P\lim_{t\to\infty}\left[\left(1+\frac{r}{t}\right)^{\frac{t}{r}}\right]^{nr}=Pe^{nr}. \tag{1-1}$$

例 1.4.8 某医院 2000 年 5 月 20 日从美国进口一台彩色超声波诊断仪,贷款 20 万美元,以复利计息,年利率 4%,2009 年 5 月 20 日到期一次还本付息,试确定贷款到期时的还款总额.

(1) 若一年计息 2 期;

(2) 若按连续复利计息.

解 (1)$A_0=20,r=0.04,n=2,t=9$,2009 年 5 月 20 日到期一次还本付息的还款总额为

$$A_9=20\left(1+\frac{0.04}{2}\right)^{2\times9}\approx20\times1.428\ 246=28.564\ 9(\text{万美元}).$$

(2) $A_0=20,r=0.04,t=9$.由连续复利公式,2009 年 5 月 20 日到期一次还本付息的还款总额为

$$A_9=20e^{0.04\times9}\approx20\times1.433\ 329=28.666\ 58(\text{万美元}).$$

已知现在值 A_0,确定未来值 A_t,这是**复利问题**.与之相反的问题则是已知未来值 A_t,求现在值 A_0,这种情况称为**贴现问题**,这时,利率 r 称为贴现率.

由复利公式易推得,若以一年为一期贴现,贴现公式为

$$A_0=A_t(1+r)^{-t}. \tag{1-2}$$

若一年分 n 期贴现,由复利公式可得,贴现公式为

$$A_0=A_t\left(1+\frac{r}{n}\right)^{-nt}. \tag{1-3}$$

以上两个公式是按离散情况计算的贴现公式.由连续复利公式可得,连续贴现公式为

$$A_0 = A_t \mathrm{e}^{-rt}. \tag{1-4}$$

例 1.4.9 设年利率为 6%,现投资多少元,10 年末可得 120 000 元?

(1) 按离散情况计息,每年计息 4 期;

(2) 按连续复利计算.

解 (1) 用公式(1-3),其中 $A_t = 120\,000$,$n = 4$,$r = 0.06$,$t = 10$. 于是

$$A_0 = 120\,000 \left(1 + \frac{0.06}{4}\right)^{-4 \times 10} = \frac{120\,000}{(1 + 0.015)^{4 \times 10}} \approx \frac{120\,000}{1.814\,02} \approx 66\,151.4(元);$$

(2) 用公式(1-4),其中 $A_t = 120\,000$,$r = 0.06$,$t = 10$. 于是

$$A_0 = 120\,000\mathrm{e}^{-0.06 \times 10} = \frac{120\,000}{\mathrm{e}^{0.06 \times 10}} \approx \frac{120\,000}{1.822\,12} \approx 65\,857.4(元).$$

习题 1.4

1. 判断下列说法是否正确?

(1) 若函数 $f(x)$ 在 x_0 处有定义,且 $\lim\limits_{x \to x_0} f(x) = A$,则 $f(x)$ 在 x_0 处连续;

(2) 若函数 $f(x)$ 在 x_0 处连续,则 $\lim\limits_{x \to x_0} f(x)$ 必存在;

(3) 初等函数在其定义域内一定连续.

2. 设函数 $f(x) = \begin{cases} \mathrm{e}^x & x < 0 \\ x + a & x \geq 0 \end{cases}$ 在 $(-\infty, +\infty)$ 内连续,求 a 的值.

3. 求下列各题的极限:

(1) $\lim\limits_{x \to 0} \dfrac{\sqrt{x+4}-2}{\sin x}$;

(2) $\lim\limits_{x \to +\infty} x[\ln(x+a) - \ln x]$;

(3) $\lim\limits_{x \to +\infty} (\sqrt{x^2 + 2x} - x)$;

(4) $\lim\limits_{x \to \infty} \cos\left[\ln\left(1 + \dfrac{2x-2}{x^2}\right)\right]$.

4. 设函数 $f(x) = x^2 \cos x - \sin x$,证明至少存在一点 $\xi \in \left(\pi, \dfrac{3}{2}\pi\right)$,使得 $f(\xi) = 0$.

5. 美国波士顿的富兰克林理工学院是 1884 年根据富兰克林的遗嘱而设立的高等学府. 富兰克林希望死后也能帮助那些青年市民学有所长,为波士顿贡献心力,于是捐给该市 1 000 英镑作为办学基金. 这里不考虑这笔基金的运作过程,如果年利率为 4.5%,采取连续复利计息,到了学院成立 100 年纪念日时,求本利和约为原来的多少倍?

第五节 数学思想方法(一)——极限思想

微积分是研究客观世界运动现象的一门学科,我们引入极限概念对客观世界运动过程加以描述,用极限方法建立其数量关系并研究其运动结果. 极限理论是微积分学的基础理论,贯穿整个微积分学. 要学好微积分,必须认识和理解极限理论,而把握极限理论的前提,

首先要认识极限思想. 极限思想作为一种重要的数学思想, 在整个数学发展史上占有重要地位, 是研究数学、应用数学、推动数学发展必不可少的有力工具.

一、极限的思想方法

（一）极限的思想方法

极限思想是近代数学的一种重要思想, 指的是用极限概念和性质来分析与处理数学问题的思想方法. 极限概念起源于微积分, 与此同时, 微积分理论就是以极限理论为工具来研究函数(包括级数)的一门学科分支. 事实上, 微积分理论的一系列重要概念, 如函数的连续性、导数、积分、级数求和等都是通过极限来定义的.

微积分理论是牛顿(I. Newton)和莱布尼茨(N. Leibniz)于 18 世纪分别创立的. 初期, 他们以无穷小(量)的概念为基础来建立微积分, 不久后遇到逻辑上的困难, 所以后来他们都接受了极限思想, 即以极限概念作为考虑问题的出发点. 但是, 当时他们只采用直观的语言来描述极限. 例如, 他们是这样描述数列 $\{u_n\}$ 的极限的: 如果当 n 无限大时, u_n 无限地接近常数 A, 就称 u_n 以 A 为极限(定义 1.9). 这种关于数列极限的直观描述中, 涉及极限的一个本质问题, 这就是 " u_n 无限接近于常数 A" 的真正含义是什么? 弄清这点是掌握数列极限概念的关键. 通俗地讲, " u_n 无限接近于常数 A" 的意思是 " u_n 可以任意地靠近 A, 希望有多近就能有多近, 只要 n 充分大, 就能达到我们希望的那样近". 换句话说, 就是指 " u_n 和 A 的距离可以任意地小, 希望有多小就能有多小, 只要 n 充分大时, 就能达到我们希望的那样小". 下面我们来看一个具体的例子, 进而引出极限的精确定义.

我们在前面讨论过数列 $\left\{\dfrac{n+(-1)^{n-1}}{n}\right\}$ (记为 $\{u_n\}$):

$$2, \frac{1}{2}, \frac{4}{3}, \cdots, \frac{n+(-1)^{n-1}}{n}, \cdots. \tag{1-5}$$

当 n 趋于无穷时极限为 1:

$$\frac{n+(-1)^{n-1}}{n} \longrightarrow 1, \text{当 } n \rightarrow \infty \text{时}. \tag{1-6}$$

让我们确切地说明这是什么意思. 直观地我们知道, 当顺着数列越走越远, 尽管没有一项真正等于 1, 但数列的项与 1 的距离会变得越来越小. 如果我们在数列式(1-5)中走得足够远, 就能保证数列的项和 1 的距离小到我们所愿意的程度. 这种叙述的意思还是不十分清楚, 多么远才是"足够远", 多么小才是"小到我们所愿意的程度"? 下面我们进行具体分析.

我们知道, 在数学上两个数 a 与 b 之间的接近程度可以用这两个数之差的绝对值 $|b-a|$ 来度量(在数轴上 $|b-a|$ 表示点 a 与点 b 之间的距离), $|b-a|$ 越小, a 与 b 就越接近.

就数列式(1-5)来说, 因为

$$|u_n-1| = \left|(-1)^{n-1}\frac{1}{n}\right| = \frac{1}{n},$$

由此可见, 当 n 越来越大, 距离 $\dfrac{1}{n}$ 越来越小, 从而 u_n 就越来越接近于 1. 因为只要 n 足够大,

距离$|u_n-1|$即$\frac{1}{n}$就可以小于任意给定的正数. 例如,给定很小的正数$\frac{1}{100}$,欲使距离$\frac{1}{n}<\frac{1}{100}$,只要$n>100$,即从第101项起,都能使不等式

$$|u_n-1|<\frac{1}{100}$$

成立;同样地,如果给定正数$\frac{1}{10\,000}$,欲使$\frac{1}{n}<\frac{1}{10\,000}$,只要$n>10\,000$,即从第10 001项起,都能使不等式

$$|u_n-1|<\frac{1}{10\,000}$$

成立. 再任意给定一个更小的正数,上面所有的讨论过程都能够满足.

几何解释会有助于使极限过程更清楚些. 如果用数轴上的点表示数列式(1-5)的项,我们看到数列的项聚集在点1周围. 在数轴上任意选择一个以点1为中心,整个宽度为2ε的区间I(在点1的每一边,区间的宽度都为ε). 如果选择$\varepsilon=10$,那么,当然数列所有的项$u_n=\frac{n+(-1)^{n-1}}{n}$都在区间$I$内部. 如果选择$\varepsilon=1/100$,那么数列刚开始的一些项在区间$I$外部,而从$a_{101}$起的所有项

$$\frac{102}{101},\frac{101}{102},\frac{104}{103},\frac{103}{104},\cdots,$$

将落在区间I的内部. 再者,我们选择$\varepsilon=1/10\,000$,最多也只是数列的前10 000项不在区间I内部,而从$a_{10\,001}$起,数列式(1-5)后面的所有项

$$a_{100\,01},a_{100\,02},a_{100\,03},\cdots$$

都落在I的内部. 显然,对任意的正数ε,这个推理都成立:只要选定了一个正的ε,不管它多么小,我们都能够找到一个整数N,使得$\frac{1}{N}<\varepsilon$. 从而数列中所有使$n>N$的项u_n都在I内部,而最多只能有有限项$a_1,a_2,\cdots,a_N$在区间I外部. 注意:首先随意选择ε,决定区间I的宽度,然后找到一个适当的整数N. 选定一个数ε,然后找出一个适当的N的这个过程,对于不管多么小的正数ε都是可行的,这就给出了以下命题的确切意义:只要在数列式(1-5)中走得足够远,那么数列式(1-5)的项与1的距离就能小到我们所愿意的程度.

总结一下:设ε是任意一个正数,那么我们能找到一个正数N,使得数列式(1-5)中$n>N$的所有项a_n都落在以点1为中心,宽度为2ε的区间内. 这是极限关系式(1-6)的精确意义.

在这个例子的基础上,现在我们给出"一般数列$\{u_n\}$以A为极限"的说法的精确定义. 我们让A含在数轴上一个开区间I的内部,如果开区间很小,那么某些数u_n可能在区间外部,但是只要n变得足够大,也就是大于某个正数N时,那么所有$n>N$的那些数u_n都必须在开区间I内. 当然,如果开区间I选得很小,正数N可能必须取得很大,但只要数列是以A为它的极限,那么不管开区间I是多么小,这样的一个正数N必然存在.

数列 $\{u_n\}$ 收敛于 A 的定义阐述如下：如果对于不管多么小的任意正数 ε，总可以找到一个正数 N（依赖于 ε），使得对于所有的 $n>N$，有

$$|u_n-A|<\varepsilon,$$

那么我们就说当 n 趋于无穷大时数列 $\{u_n\}$ 以 A 为极限.

这个定义可以看作两个人 A 和 B 之间的一个竞赛. A 提出的要求是 u_n 趋近于常量 A，其精确程度应比选取的界限 $\varepsilon=\varepsilon_1$ 高（即满足 $|u_n-A|<\varepsilon_1$）；B 对这个要求的答复是指出存在一个确定的整数 $N=N_1$，使 u_{N_1} 以后的所有项 u_n 满足 ε_1 精度的要求. 然后 A 可以提得更精确，提出一个新的更小的界限 $\varepsilon=\varepsilon_2$. B 通过找出一个（可能更大的）正数 $N=N_2$，再次答复这个要求. 如果不管 A 提出的界限多么小，B 都能满足 A 的要求，那么我们就用 $u_n\rightarrow A$ 表示这情况.

极限的精确定义是到 19 世纪 70 年代，经过许多数学家长期努力，才形成现在的 $\varepsilon-N$（数列极限的精确定义）和 $\varepsilon-\delta$（函数极限的精确定义，感兴趣的读者可参阅其他书籍）的定义方法. 通过 $\varepsilon-N$ 之间的关系，定量地、具体地刻画出了两个"无限过程"（n 无限增大和 u_n 无限接近常数 A）之间的联系.

极限思想作为反映客观事物在运动、变化过程中由量变转化为质变时的数量关系或空间形式，是以一种发展的思想来看待和处理问题的方式，可以让我们的思想完成从有限上升到无限的升华，是思考方式的一个质的飞跃，对我们解决实际问题具有非常重要的指导意义. 当我们面对实际问题的时候，如果不容易处理，或者不容易看到解决问题的路径时，则可以借鉴数学的极限思想，采取改变研究问题的研究条件，改变研究条件的趋近方式，即从原来关注一个点，变换到一个区间上去考虑研究对象的结果（即构造函数），再回到起始位置来观察问题的结果（即求极限）. 通过这样的以动态的、发展的思想来研究和处理问题，往往能够较快地发现和找到解决问题的办法，从而使实际问题得以解决.

（二）极限的哲学思想

1. 过程与结果的对立统一

在极限思想中充分体现了结果与过程的对立统一. 比如，当 n 趋于无穷大时，数列 $\{u_n\}:u_1,u_2,\cdots,u_n,\cdots$ 的极限为 A. 此时，数列 $\{u_n\}$ 是变量 u_n 的变化过程，A 是 $\{u_n\}$ 的变化结果. 一方面，数列 $\{u_n\}$ 中任何一个 u_n，无论 n 再大都不是 A，体现了过程与结果的对立性；另一方面，随着过程的进行（即 n 无限地增大），u_n 越来越靠近 A，经过飞跃又可转化为 A，体现了过程与结果的统一性，所以 A 的求出是过程与结果的对立统一.

2. 有限与无限的对立统一

有限与无限常常表现为不可调和性，例如把有限情形的法则原封不动地扩展到无限的情形常常会发生矛盾. 但这并不意味着在极限的观念里有限与无限是格格不入的，相反，它们却存在着既对立又统一的关系. 例如，在极限式 $\lim\limits_{n\to\infty}u_n=A$ 中数列的每一项 u_n 和极限结果 A 都是一有限量，但极限过程（$n\rightarrow\infty$）却是无限的. 从左向右看，随着 n 的无限增大，给定数列 $\{u_n\}$ 的对应值向 A 做无限逼近运动，这说明这个无限运动的变化过程只能通过有限的量来刻画. 从右向左看，该极限式是在有限中包含着无限.

3. 变量与常量的对立统一

动与静、变与不变永远是相对的. 在极限式 $\lim\limits_{n\to\infty}u_n=A$ 中,A 是一个与 n 无关的不变量,u_n 则是一个随着 n 的增大,其对应值不断发生变化的变量. 无论 n 增大到怎样的数值,u_n 都不可能变为常量 A,这说明变量 u_n 与常量 A 存在着一种变与不变的质的对立关系. 同样地,它们之间也体现了一种互相联系互相依赖的关系. 随着 n 的不断增大,变量 u_n 趋向于 A 的程度也相应地不断增大,最终当 $n\to\infty$ 时,u_n 产生了质的飞跃,转化为了常量 A,体现了变与不变的质的统一关系.

4. 近似于精确的对立统一

在极限式 $\lim\limits_{n\to\infty}u_n=A$ 中,对于每一个具体的 n,式子的左边总是右边的一个近似值,并且 n 越大,精确度越高. 当 n 趋于无穷时,近似值 u_n 转化为精确值 A. 虽然近似与精确是两个性质不同、完全对立的概念,但是通过极限法,建立两者之间的联系,在一定条件下可以相互转化. 因此,近似与精确既是对立又是统一的.

5. 量变与质变的对立统一

任何事物都是质和量的对立统一. 同样,在极限思想中也体现了这种辩证观. 在极限式 $\lim\limits_{n\to\infty}\dfrac{n+(-1)^{n-1}}{n}=1$ 中,随着 n 的增大,数列的项 $\dfrac{n+(-1)^{n-1}}{n}$ 也在发生变化,但是不管 n 多大,$\dfrac{n+(-1)^{n-1}}{n}$ 与 1 仍存在着一定的差异,但是这一差异的绝对值随着 n 的增大而减小. 当 $n\to\infty$ 时,这一差异消失,相应地,数列的项 $\dfrac{n+(-1)^{n-1}}{n}$ 也发生了质的飞跃而成为 1.

通过对极限思想的辩证剖析,不难看到,极限是一种运动的、变化的、相互联系的、以量变引起质变的重要的数学思想方法.

二、极限思想的应用

1. 刘徽的割圆术

我国古代数学家刘徽(公元 3 世纪)利用圆内接正多边形来推算圆面积的方法——割圆术,就是极限思想在几何学上的应用.

设有一圆,首先作内接正六边形,把它的面积记为 A_1;再作内接正十二边形,其面积记为 A_2;再作内接正二十四边形,其面积记为 A_3;循环下去,每次边数加倍,一般地把内接正 $6\times2^{n-1}$ 边形的面积记为 $A_n(n\in\mathbf{N}_+)$. 这样,就得到一系列内接正多边形的面积:

$$A_1,A_2,A_3,\cdots,A_n,\cdots,$$

它们构成一个数列. 当 n 越大,内接正多边形与圆的差别就越小,从而以 A_n 作为圆面积的近似值也越精确. 但是无论 n 取得如何大,只要 n 取定了,A_n 终究是多边形的面积,而还不是圆的面积. 因此,设想 n 无限增大,即内接正多边形的边数无限增加,在这个过程中,内接正多边形无限接近于圆,同时 A_n 也无限接近于某一确定的数值,这个确定的数值就理解为圆的面积. 也就是说圆的面积是数列 $A_1,A_2,A_3,\cdots,A_n,\cdots$ 当 $n\to\infty$ 时的极限.

2. 曲线围成的曲边梯形的面积

考察由曲线 $y=x^2$,x 轴和直线 $x=1$ 围成的图形的面积. 该图形如图 1-14 所示,下面我们根据极限的思想来求它的面积.

设想用垂直于 x 轴的直线将曲边梯形分割成 n 个底边长为 $\frac{1}{n}$ 的窄曲边梯形，把每个窄曲边梯形以它的左直边为高、底为 $\frac{1}{n}$ 的矩形近似代替（如图 $1-14$），这 n 个窄矩形面积的和是曲边梯形的近似值，分割越细，此和越接近曲边梯形的面积. 当 n 无限增大时（每个窄曲边梯形的底边长都趋于零），n 个窄矩形的面积的和就无限逼近曲边梯形面积的精确值. 具体地说，有以下的解法.

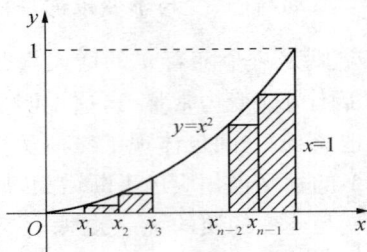

图 $1-14$

把 x 轴上的闭区间 $[0,1]$ 分成 n 等分，得分点

$$x_0 = 0, x_1 = \frac{1}{n}, x_2 = \frac{2}{n}, \cdots, x_{n-1} = \frac{n-1}{n}, x_n = 1.$$

过各分点作 x 轴的垂线，把曲边梯形分割成 n 个窄曲边梯形. 对每个窄曲边梯形，用它的底边为底，它的左直边为高的矩形来近似，把这些窄矩形的面积加起来，得到原曲边梯形的面积的近似值

$$A_n = \frac{1}{n}\left[\left(\frac{1}{n}\right)^2 + \left(\frac{2}{n}\right)^2 + \cdots + \left(\frac{n-1}{n}\right)^2\right] = \frac{1}{n^3}\left[1^2 + 2^2 + \cdots + (n-1)^2\right]$$

$$= \frac{(n-1) \cdot n \cdot (2n-1)}{6n^3} = \frac{1}{3} - \frac{1}{2n} + \frac{1}{6n^2}.$$

当 n 无限增大时，A_n 无限逼近 $\frac{1}{3}$，可见所求的曲边梯形的面积应等于 $\frac{1}{3}$.

以上解决曲边梯形面积的方法，是通过分割，把曲边梯形分成 n 个窄曲边梯形，每个窄曲边梯形用它的左直边为高，同底的矩形近似代替，最后考察 n 无限增大（每个窄曲边梯形的底边长都趋于零）时，n 个窄矩形面积的和，无限逼近的数值即是所求的曲边梯形的面积.

3. Fibonacci 数列与兔群增长率

设一对刚出生的小兔要经过两个季度，即经过成长期后达到成熟期，才能再产小兔，且每对成熟的兔子每季度产一对小兔. 在不考虑兔子死亡的前提下，求兔群逐年增长率的变化趋势.

分析：设开始只有 1 对刚出生的小兔，则在第一季与第二季，兔群只有 1 对兔子. 在第三季，由于这对小兔成熟并产下 1 对小兔，兔群有 2 对兔子. 在第四季，1 对大兔又产下 1 对小兔，而原来 1 对小兔处于成长期，所以兔群有 3 对兔子. 在第五季，又有 1 对小兔成熟，并与原来的 1 对大兔各产下 1 对兔子，而原来 1 对小兔处于成长期，所以兔群有 5 对兔子. 以此类推，各季兔群情况可见下表：

季度	小兔对数	成长期兔对数	成熟期兔对数	兔对总数
1	1	0	0	1
2	0	1	0	1

季度	小兔对数	成长期兔对数	成熟期兔对数	兔对总数
3	1	0	1	2
4	1	1	1	3
5	2	1	2	5
6	3	2	3	8
7	5	3	5	13

设 a_n 是第 n 季度兔对总数,则

$$a_1=1,a_2=1,a_3=2,a_4=3,a_5=5,\cdots$$

数列 $\{a_n\}$ 称为 **Fibonacci 数列**.

注意这样的事实:到第 $n+1$ 季度,能产小兔的兔对数为 a_{n-1},而第 $n+1$ 季度兔对的总数应等于第 n 季度兔对的总数 a_n 加上新产下的小兔对数 a_{n-1},于是我们知道 $\{a_n\}$ 具有性质:

$$a_{n+1}=a_n+a_{n-1},n=2,3,4,\cdots$$

令 $b_n=\dfrac{a_{n+1}}{a_n}$,则 b_n-1 表示了兔群在第 $n+1$ 季度的增长率. 显然有 $b_n>0$,且

$$b_n=\frac{a_{n+1}}{a_n}=\frac{a_n+a_{n-1}}{a_n}=1+\frac{a_{n-1}}{a_n}=1+\frac{1}{b_{n-1}}.$$

容易发现,当 $b_n>\dfrac{\sqrt{5}+1}{2}$ 时,$b_{n+1}<\dfrac{\sqrt{5}+1}{2}$;而当 $b_n<\dfrac{\sqrt{5}+1}{2}$ 时,$b_{n+1}>\dfrac{\sqrt{5}+1}{2}$. 由此可知 $\{b_n\}$ 并不是单调数列.

进一步探讨,可以发现有

$$b_{2k-1}\in\left(0,\frac{\sqrt{5}+1}{2}\right),b_{2k}\in\left(\frac{\sqrt{5}+1}{2},+\infty\right),k=1,2,3,\cdots$$

以及

$$b_{2k+2}-b_{2k}=1+\frac{1}{1+\dfrac{1}{b_{2k}}}-b_{2k}=\frac{\left(\dfrac{\sqrt{5}+1}{2}-b_{2k}\right)\left(\dfrac{\sqrt{5}+1}{2}+b_{2k}\right)}{1+b_{2k}}<0$$

和

$$b_{2k+1}-b_{2k-1}=1+\frac{1}{1+\dfrac{1}{b_{2k-1}}}-b_{2k-1}=\frac{\left(\dfrac{\sqrt{5}+1}{2}-b_{2k-1}\right)\left(\dfrac{\sqrt{5}+1}{2}+b_{2k-1}\right)}{1+b_{2k-1}}>0.$$

于是 $\{b_{2k}\}$ 是单调减少的有下界的数列,而 $\{b_{2k+1}\}$ 是单调增加的有上界的数列,因而都是收

敛数列. 记它们的极限分别为 a 与 b，显然有 $\dfrac{\sqrt{5}+1}{2}\leqslant a<+\infty, 0<b\leqslant\dfrac{\sqrt{5}+1}{2}$.

由 $\lim\limits_{k\to\infty}b_{2k+2}=\lim\limits_{k\to\infty}\dfrac{1+2b_{2k}}{1+b_{2k}}$ 得到：$a=\dfrac{1+2a}{1+a}$.

由 $\lim\limits_{k\to\infty}b_{2k+1}=\lim\limits_{k\to\infty}\dfrac{1+2b_{2k-1}}{1+b_{2k-1}}$ 得到：$b=\dfrac{1+2b}{1+b}$.

这两个方程有相同的解 $a=b=\dfrac{1\pm\sqrt{5}}{2}$（负值舍去），于是我们得出结论：在不考虑兔子死亡的

前提下，经过较长一段时间，兔群逐季增长率趋于 $\dfrac{1+\sqrt{5}}{2}-1\approx0.618$.

复习题一

一、填空题

1. 函数 $y=\ln(5-x)+\arcsin\dfrac{x-1}{6}$ 的定义域为 _____ .

2. 函数函数 $f(x)=\ln(x+\sqrt{x^2+1})$ 的奇偶性是 _____ .

3. 复合函数 $y=\sqrt{\ln(x+1)}$ 是由 _____ 复合而成的.

4. $\lim\limits_{x\to0}\dfrac{\sqrt{x+1}-1}{x}=$ _____ .

5. 函数 $y=\ln x$，当 $x\to$ _____ 是无穷小量，$x\to$ _____ 是无穷大量.

6. $\lim\limits_{x\to\infty}\left(1+\dfrac{2}{x}\right)^x=$ _____ ；$\lim\limits_{x\to0}(1-3x)^{\frac{1}{x}}=$ _____ .

7. $\lim\limits_{x\to\pi}\dfrac{\sin mx}{\sin nx}\ (n,m\in\mathbf{Z}, n\neq0)=$ _____ .

8. 已知 $\lim\limits_{x\to\infty}\left(\dfrac{x^2+1}{x+1}-ax+b\right)=3$，常数 $a=$ _____ ，$b=$ _____ .

二、单项选择题

1. 下列函数中既是奇函数又是单调增加函数的是（　　　）.
    A. $\sin^3 x$ B. x^3+1 C. x^3+x D. x^3-1

2. 设函数 $f(x)$ 在 $(-\infty,+\infty)$ 内有定义，下列函数中必为奇函数的是（　　　）.
    A. $y=-|f(x)|$ B. $y=x^3 f(x^4)$
    C. $y=-f(-x)$ D. $y=f(x)+f(-x)$

3. 当 $x\to0$ 时，下列函数中为 x 的高阶无穷小的是（　　　）.
    A. $1-\cos x$ B. $x+x^2$ C. $\sin x$ D. $\sqrt{x}$

4. 极限 $\lim\limits_{x\to\infty}\dfrac{\sin x}{x}=$（　　　）.
    A. ∞ B. 1 C. 0 D. 不存在

5. 函数 $f(x)=\begin{cases}\dfrac{1-\sqrt{1+2x}}{x} & x\neq0 \\ k & x=0\end{cases}$ 在 $x=0$ 处连续，则 $k=$（　　　）.

A. -2　　　　B. -1　　　　C. 1　　　　D. 2

6. $\lim\limits_{x\to 0}\dfrac{x+\sin x}{x}=($ 　　　　$)$.

A. 0　　　　B. 1　　　　C. 2　　　　D. ∞

三、计算下列极限

1. $\lim\limits_{n\to\infty}\left(\sqrt{n^2+n}-n\right)$.

2. $\lim\limits_{x\to 0}\dfrac{x^2-\sin x}{x+\sin x}$.

3. $\lim\limits_{x\to 0}\dfrac{\sin 3x}{\ln(1+5x)}$.

4. $\lim\limits_{x\to\infty}\left(\dfrac{x-1}{x+1}\right)^x$.

5. $\lim\limits_{x\to 0}\dfrac{\ln(a+x)-\ln a}{x}\quad (a>0)$.

6. $\lim\limits_{x\to a}\dfrac{e^x-e^a}{x-a}$.

7. $\lim\limits_{n\to\infty}\left(\dfrac{1}{n^2}+\dfrac{2}{n^2}+\cdots+\dfrac{n}{n^2}\right)$.

8. $\lim\limits_{x\to 1}(x^2-1)\cos\dfrac{1}{x-1}$.

9. $\lim\limits_{x\to 1}\left(\dfrac{2}{1-x^2}-\dfrac{x}{1-x}\right)$.

10. $\lim\limits_{x\to 0}\dfrac{\tan x\cdot(1-\cos x)}{\sin(x^2)\cdot\ln(1-x)}$.

四、综合题

1. 已知极限 $\lim\limits_{x\to 0}\dfrac{\sin kx}{x}=\lim\limits_{x\to 0}(1+4x)^{-\frac{1}{x}}$,求常数 k.

2. 判断函数 $f(x)=\begin{cases}x\sin\dfrac{1}{x}&x\neq 0\\[2mm]0&x=0\end{cases}$ 在点 $x=0$ 处的连续性.

3. 证明方程 $x\cdot 3^x=2$ 至少有一个小于 1 的正根.

4. 假定你打算在银行存入一笔资金,你需要这笔投资 10 年后价值为 $12\,000$ 元. 如果银行以年利率 9% 且每年支付复利四次的方式付息,你应该投资多少元?

第二章　一元函数微分学及其应用

本章主要介绍的是在理论和实践中都极为重要的数学概念——导数,导数同上一章的极限、连续有着密切的联系,是高等数学基本的也是核心的内容. 通过对导数、微分及其应用的学习,能使我们初步领悟变化率问题和微分思想,为以后解决相关的实际问题打下基础. 先看两个案例.

【边际分析法案例】

边际分析方法在西方经济学中是最基本的分析方法之一,是一个比较科学的分析方法. 边际分析方法可追溯到马尔萨斯,他在 1814 年曾指出微分法对经济分析所可能具有的用途. 1824 年,汤普逊首次将微分法运用于经济分析,研究政府的商品和劳务采购获得最大利益的条件. 现代经济学中的边际分析是初级经济学中常用的分析方法,常涉及边际成本、边际收益等基本经济学概念.

边际成本是指产量增加一个单位时所增加的成本,假设某企业生产 x 个单位某种产品的成本函数为 $c=c(x)$,其中 c 为成本,我们来计算产量为 x_0 时边际成本是多少. 我们可以再多生产 Δx 个单位产品,那么会增加成本 $\Delta c=c(x_0+\Delta x)-c(x_0)$,其间平均成本为 $\overline{c}=\dfrac{\Delta c}{\Delta x}$. 当产品增量 Δx 趋于零时,平均成本就会逼近产量为 x_0 时的边际成本,即边际成本

$$mc(x_0)=\lim_{\Delta x\to 0}\frac{\Delta c}{\Delta x}=\lim_{\Delta x\to 0}\frac{c(x_0+\Delta x)-c(x_0)}{\Delta x}.$$

【曲线切线的斜率案例】

设连续函数 $y=f(x)$ 的图形是曲线 C. 在曲线 C 上有定点 M_0 和另外一点 M,连接 M_0 与 M 得曲线 C 的割线 M_0M,当动点 M 沿曲线 C 趋近于点 M_0 时,若割线 M_0M 存在极限位置 M_0T,则称此直线 M_0T 为曲线 C 在点 M_0 处的切线.

下面求曲线 $C: y=f(x)$ 在 M_0 点处的切线的斜率(如图2-1).

设 $M_0(x_0, y_0)$，$M(x_0 + \Delta x, y_0 + \Delta y)$，则割线 M_0M 的斜率为：

$$\tan\beta = \frac{\Delta y}{\Delta x} = \frac{f(x_0 + \Delta x) - f(x_0)}{\Delta x}.$$

当 $\Delta x \to 0$ 时，动点 M 沿曲线 C 无限趋近于点 M_0，而割线 M_0M 也随之绕着定点 M_0 转动，且无限趋近于切线 M_0T，因此，曲线 C 在点 M_0 处的切线的斜率 k 为

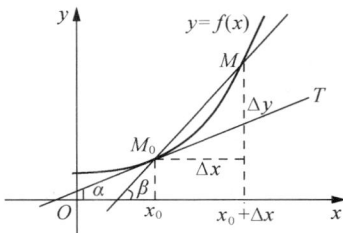

图 2 - 1

$$k = \tan\alpha = \lim_{\beta \to \alpha}\tan\beta = \lim_{\Delta x \to 0}\frac{\Delta y}{\Delta x} = \lim_{\Delta x \to 0}\frac{f(x_0 + \Delta x) - f(x_0)}{\Delta x}.$$

抛开以上问题的具体背景，抓住它们在数学上的共性——求增量比值的极限这个瞬时变化率问题，就得到函数导数的概念.

第一节 导数的概念

一、导数的概念

1. 导数的定义

定义 2.1 设函数 $y = f(x)$ 在点 x_0 的邻域 $U(x_0, \delta)$ 内有定义，当自变量 x 在点 x_0 处取得增量 Δx，且 $x_0 + \Delta x$ 在 x_0 的邻域内时，相应的函数值增量为 $\Delta y = f(x_0 + \Delta x) - f(x_0)$. 如果当 $\Delta x \to 0$ 时，$\dfrac{\Delta y}{\Delta x}$ 的极限

扫一扫可见微课
"导数的定义"

$$\lim_{\Delta x \to 0}\frac{\Delta y}{\Delta x} = \lim_{\Delta x \to 0}\frac{f(x_0 + \Delta x) - f(x_0)}{\Delta x}$$

存在，则称函数 $y = f(x)$ 在点 x_0 可导，并称此极限值为 $y = f(x)$ 在点 x_0 的导数，记作

$$y'\Big|_{x=x_0}, f'(x_0), \frac{\mathrm{d}y}{\mathrm{d}x}\Big|_{x=x_0} \text{ 或 } \frac{\mathrm{d}f(x)}{\mathrm{d}x}\Big|_{x=x_0},$$

即

$$y'\Big|_{x=x_0} = \lim_{\Delta x \to 0}\frac{f(x_0 + \Delta x) - f(x_0)}{\Delta x}.$$

若上述极限不存在，则称函数 $y = f(x)$ 在点 x_0 不可导.

小 点 晴

抽象性是数学的一个典型特征. 我们运用抽象数字，却并不打算把它们每次都和具体的对象联系起来. 我们在学校学习抽象的乘法表总是数字的乘法表，而不是男孩的数目乘上苹果的数目，或者苹果的数目乘上苹果的价钱等等. 再如几何中我们用抽象的直线，而不是拉紧的绳子. 关于导数的概念，我们只抽象地定义为函数因变量与自变量的增量比值的极限，而舍弃了其几何的或物理的等实际背景. 在应用数学来解决实际问题时，

我们会从具体问题中抽象出数学模型，求解数学模型的结果后，再代入实际问题去解释结果. 数学的抽象性训练我们在生活中善于抓住事情的共性和本质.

导数定义的几种常用等价形式：

$$y'\Big|_{x=x_0}=f'(x_0)=\lim_{\Delta x\to 0}\frac{\Delta y}{\Delta x}=\lim_{\Delta x\to 0}\frac{f(x_0+\Delta x)-f(x_0)}{\Delta x}=\lim_{x\to x_0}\frac{f(x)-f(x_0)}{x-x_0}.$$

小贴士 　　导数研究函数的变化率，即因变量随自变量变化的快慢程度. 导数值的大小反映在 x_0 处当自变量变化一单位时，因变量会变化多少单位.

若函数 $y=f(x)$ 在开区间 (a,b) 内的每一点都可导，则称函数 $y=f(x)$ 在区间 (a,b) 内可导. 这时函数 $y=f(x)$ 对于 (a,b) 内的每一个 x，都有一个确定的导数值与之对应，这样就构成了 x 的一个新的函数，这个新的函数称为函数 $y=f(x)$ 在 (a,b) 内的导函数，记作

$$y'、f'(x),\frac{\mathrm{d}y}{\mathrm{d}x}或\frac{\mathrm{d}f(x)}{\mathrm{d}x},$$

即

$$y'=f'(x)=\lim_{\Delta x\to 0}\frac{f(x+\Delta x)-f(x)}{\Delta x}=\lim_{h\to 0}\frac{f(x+h)-f(x)}{h}.$$

在不致发生混淆的地方，导函数也简称为导数.

例如，变速直线运动的速度 $v(t)$ 是路程 $s(t)$ 对时间 t 的导数，即 $v(t)=s'(t)=\dfrac{\mathrm{d}s}{\mathrm{d}t}$.

2. 单侧导数

导数归结为增量比值的极限，而极限存在单侧极限，导数也有单侧导数. 若 x 从 x_0 的左侧趋于 x_0 时，即 $\Delta x\to 0^-$ 时，若极限

$$\lim_{\Delta x\to 0^-}\frac{\Delta y}{\Delta x}=\lim_{\Delta x\to 0^-}\frac{f(x_0+\Delta x)-f(x_0)}{\Delta x}$$

存在，则称此极限值为函数 $f(x)$ 在点 x_0 处的左导数，记作 $f'_-(x_0)$，即

$$f'_-(x_0)=\lim_{\Delta x\to 0^-}\frac{f(x_0+\Delta x)-f(x_0)}{\Delta x}.$$

类似的，可知函数 $f(x)$ 在点 x_0 处的右导数为

$$f'_+(x_0)=\lim_{\Delta x\to 0^+}\frac{\Delta y}{\Delta x}=\lim_{\Delta x\to 0^+}\frac{f(x_0+\Delta x)-f(x_0)}{\Delta x}.$$

显然，由极限存在的充要条件，函数 $y=f(x)$ 在点 x_0 可导的充分必要条件是 $f'_+(x_0)$ 与 $f'_-(x_0)$ 都存在且相等.

左、右导数常用于判定分段函数在分段点 x_0 处是否可导. 只有当分段点 x_0 处左、右单侧导数 $f'_+(x_0)$ 与 $f'_-(x_0)$ 都存在并且相等时, 函数 $y=f(x)$ 在点 x_0 才可导. 这一点跟计算分段点的极限类似, 原因在于导数本质上也是极限这一数学思想方法的应用, 导数就是函数因变量与自变量的增量比值的极限.

例 2.1.1 设 $f(x)=x^3$, 求 $f'(2)$ 和 $f'(x)$.

解
$$f'(2)=\lim_{\Delta x \to 0}\frac{f(2+\Delta x)-f(2)}{\Delta x}=\lim_{\Delta x \to 0}\frac{(2+\Delta x)^3-2^3}{\Delta x}$$
$$=\lim_{\Delta x \to 0}[12+6\Delta x+(\Delta x)^2]=12.$$
$$f'(x)=\lim_{\Delta x \to 0}\frac{f(x+\Delta x)-f(x)}{\Delta x}=\lim_{\Delta x \to 0}\frac{(x+\Delta x)^3-x^3}{\Delta x}$$
$$=\lim_{\Delta x \to 0}[3x^2+3x\Delta x+(\Delta x)^2]=3x^2.$$

函数 $y=f(x)$ 在点 x_0 处的导数 $f'(x_0)$, 就是导函数 $f'(x)$ 在点 $x=x_0$ 处的函数值, 即 $f'(x_0)=f'(x)\Big|_{x=x_0}$.

3. 导数的几何意义

由曲线切线的斜率案例讨论和导数的定义可得导数的几何意义为:

函数 $y=f(x)$ 在点 x_0 处的导数 $f'(x_0)$ 等于曲线 $y=f(x)$ 在点 (x_0, y_0) 处的切线斜率, 即

$$k=f'(x_0)=\tan\alpha,$$

其中 α 是切线的倾斜角, 如图 2-2 所示.

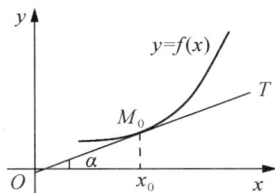

图 2-2

根据导数的几何意义及直线的点斜式方程可得:

曲线 $y=f(x)$ 在点 $M_0(x_0, y_0)$ 处的切线方程为

$$y-y_0=f'(x_0)(x-x_0).$$

曲线 $y=f(x)$ 在点 $M_0(x_0, y_0)$ 处的法线方程为

$$y-y_0=-\frac{1}{f'(x_0)}(x-x_0)(f'(x)\neq 0).$$

若 $f'(x_0)=0$, 则曲线 $y=f(x)$ 在点 $M_0(x_0, y_0)$ 处有平行于 x 轴的切线; 若 $f'(x_0)=\infty$, 则曲线 $y=f(x)$ 在点 $M_0(x_0, y_0)$ 处有垂直于 x 轴的切线.

例 2.1.2 求曲线 $y=x^3$ 在点 $(1,1)$ 处的切线方程和法线方程.

解 $y'=(x^3)'=3x^2$, 斜率 $k=y'|_{x=1}=3$.

又点 $(1,1)$ 在曲线上, 故过切点 $(1,1)$ 的切线方程为

$$y-1=3(x-1),$$

即
$$3x-y-2=0.$$

法线方程为

$$y-1=-\frac{1}{3}(x-1),即\ x+3y-4=0.$$

4. 函数的可导性与连续性的关系

设函数 $y=f(x)$ 在点 x_0 处可导,即 $f'(x)=\lim\limits_{\Delta x\to0}\dfrac{\Delta y}{\Delta x}$ 存在,故

$$\lim_{\Delta x\to0}\Delta y=\lim_{\Delta x\to0}\left(\frac{\Delta y}{\Delta x}\cdot\Delta x\right)=\lim_{\Delta x\to0}\frac{\Delta y}{\Delta x}\cdot\lim_{\Delta x\to0}\Delta x=f'(x_0)\cdot0=0.$$

由 $\lim\limits_{\Delta x\to0}\Delta y=0$ 知,函数 $y=f(x)$ 在点 x_0 连续. 于是有

定理 2.1　若函数 $y=f(x)$ 在点 x_0 处可导,则 $y=f(x)$ 在点 x_0 处一定连续.

请思考

函数 $y=f(x)$ 在点 x_0 处连续,但在点 x_0 处未必可导. 试举例说明.

例 2.1.3　讨论函数 $f(x)=|x|$（如图 2-3）在点 $x=0$ 处的连续性与可导性.

解　$f(x)=|x|=\begin{cases}x & x\geqslant0 \\ -x & x<0\end{cases}$,

$$\lim_{x\to0^+}f(x)=\lim_{x\to0^+}x=0,\ \lim_{x\to0^-}f(x)=\lim_{x\to0^-}(-x)=0,$$

$$f(0)=0,\lim_{x\to0}f(x)=f(0),$$

所以 $f(x)=|x|$ 在点 $x=0$ 处连续.

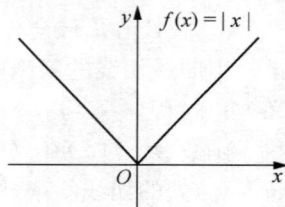

图 2-3

$$f'_+(0)=\lim_{\Delta x\to0^+}\frac{f(0+\Delta x)-f(0)}{\Delta x}=\lim_{\Delta x\to0^+}\frac{\Delta x-0}{\Delta x}=1,$$

$$f'_-(0)=\lim_{\Delta x\to0^-}\frac{f(0+\Delta x)-f(0)}{\Delta x}=\lim_{\Delta x\to0^-}\frac{-\Delta x-0}{\Delta x}=-1,$$

$$f'_+(0)\neq f'_-(0),$$

所以 $f(x)=|x|$ 在点 $x=0$ 处不可导.

综上可得,函数 $f(x)=|x|$ 在点 $x=0$ 处连续,但不可导.

例 2.1.4　设函数 $y=\begin{cases}ax & x\leqslant0 \\ \sin2x+b & x>0\end{cases}$ 在点 $x=0$ 处可导,求 a,b 的值.

解　函数 $y=f(x)$ 在点 $x=0$ 处可导,故函数在 $x=0$ 处连续.

故 $\lim\limits_{x\to0^+}f(x)=\lim\limits_{x\to0^-}f(x)$,即 $\lim\limits_{x\to0^+}(\sin2x+b)=\lim\limits_{x\to0^-}f(x)=0$,所以 $b=0$.

$$f'_+(0)=\lim_{x\to0^+}\frac{f(x)-f(0)}{x-0}=\lim_{x\to0^+}\frac{\sin2x+b-0}{x}=\lim_{x\to0^+}\frac{\sin2x}{x}=2,$$

$$f'_-(0)=\lim_{x\to0^-}\frac{f(x)-f(0)}{x-0}=\lim_{x\to0^-}\frac{ax}{x}=a,$$

而 $f'(0)$ 存在，即 $f'_+(0)=f'_-(0)$，所以 $a=2$.

故当 $a=2,b=0$ 时，函数 $y=\begin{cases} ax & x\leqslant 0 \\ \sin 2x+b & x>0 \end{cases}$ 在 $x=0$ 处可导.

二、几个基本初等函数的导数

根据导数的定义，可得求导数的步骤如下：

（1）求函数的增量 $\Delta y=f(x+\Delta x)-f(x)$；

（2）计算比值 $\dfrac{\Delta y}{\Delta x}=\dfrac{f(x+\Delta x)-f(x)}{\Delta x}$；

（3）取极限 $y'=f'(x)=\lim\limits_{\Delta x\to 0}\dfrac{f(x+\Delta x)-f(x)}{\Delta x}$.

例 2.1.5 求函数 $f(x)=C$（C 为常数）的导数.

解 $y'=\lim\limits_{\Delta x\to 0}\dfrac{f(x+\Delta x)-f(x)}{\Delta x}=\lim\limits_{\Delta x\to 0}\dfrac{C-C}{\Delta x}=0$，

所以 $(C)'=0$，即常数的导数为零.

例 2.1.6 求函数 $f(x)=x^2$ 的导数.

解 $\Delta y=f(x+\Delta x)-f(x)=(x+\Delta x)^2-x^2=2x\Delta x+(\Delta x)^2$，

所以 $y'=\lim\limits_{\Delta x\to 0}\dfrac{\Delta y}{\Delta x}=\lim\limits_{\Delta x\to 0}\dfrac{2x\Delta x+(\Delta x)^2}{\Delta x}=2x$.

一般地，对幂函数 $y=x^\mu$（μ 为实数），有

$$(x^\mu)'=\mu x^{\mu-1}.$$

特别地，$\left(\dfrac{1}{x}\right)'=-\dfrac{1}{x^2}$，$(\sqrt{x})'=\dfrac{1}{2\sqrt{x}}$ 在复合函数求导中经常用到，应熟练记住.

例 2.1.7 求函数 $f(x)=\sin x$ 的导数.

解 令 $h=\Delta x$，则 $\Delta y=f(x+h)-f(x)=\sin(x+h)-\sin x=2\cos\left(x+\dfrac{h}{2}\right)\sin\dfrac{h}{2}$，

$$f'(x)=\lim\limits_{\Delta x\to 0}\dfrac{\Delta y}{\Delta x}=\lim\limits_{h\to 0}\dfrac{2\cos\left(x+\dfrac{h}{2}\right)\sin\dfrac{h}{2}}{h}$$

$$=\lim\limits_{h\to 0}\cos\left(x+\dfrac{h}{2}\right)\lim\limits_{h\to 0}\dfrac{\sin\dfrac{h}{2}}{\dfrac{h}{2}}=\cos x,$$

所以
$$(\sin x)'=\cos x.$$
类似可得
$$(\cos x)'=-\sin x.$$

例 2.1.8 求函数 $f(x)=a^x$ 的导数.

解 $f'(x)=\lim\limits_{\Delta x\to 0}\dfrac{f(x+\Delta x)-f(x)}{\Delta x}=\lim\limits_{\Delta x\to 0}\dfrac{a^{x+\Delta x}-a^x}{\Delta x}=\lim\limits_{x\to 0}\dfrac{a^x(a^{\Delta x}-1)}{\Delta x}$

$$=a^x\lim\limits_{\Delta x\to 0}\dfrac{\mathrm{e}^{\Delta x\ln a}-1}{\Delta x}=a^x\lim\limits_{\Delta x\to 0}\dfrac{\Delta x\ln a}{\Delta x}=a^x\ln a,$$

即
$$(a^x)'=a^x\ln a.$$

特别地,有$(e^x)'=e^x$.

例 2.1.9 求函数 $f(x)=\ln x$ 的导数.

解 $f'(x)=\lim\limits_{h\to 0}\dfrac{f(x+h)-f(x)}{h}=\lim\limits_{h\to 0}\dfrac{\ln(x+h)-\ln x}{h}=\lim\limits_{h\to 0}\dfrac{1}{h}\cdot\ln\left(1+\dfrac{h}{x}\right)$

$=\lim\limits_{h\to 0}\dfrac{1}{x}\ln\left(1+\dfrac{h}{x}\right)^{\frac{x}{h}}=\dfrac{1}{x}\ln\left[\lim\limits_{h\to 0}\left(1+\dfrac{h}{x}\right)^{\frac{x}{h}}\right]=\dfrac{1}{x}\ln e=\dfrac{1}{x}$,

即 $(\ln x)'=\dfrac{1}{x}$.

同理得出 $(\log_a x)'=\dfrac{1}{x\ln a}$.

习题 2.1

1. 若 $f'(x_0)=2$,计算:

(1) $\lim\limits_{\Delta x\to 0}\dfrac{f(x_0-\Delta x)-f(x_0)}{\Delta x}$; (2) $\lim\limits_{\Delta x\to 0}\dfrac{f(x_0+3\Delta x)-f(x_0)}{\Delta x}$.

2. 设 $f(x)=10x^2$,试按定义求 $f'(-1)$.

3. 求曲线 $y=\dfrac{1}{x}$ 在点 $\left(2,\dfrac{1}{2}\right)$ 处的切线方程和法线方程.

4. 曲线 $y=x^3$ 上哪一点处的切线与直线 $y=3x-1$ 平行?

5. 设 $f(x)=\begin{cases} e^x & x\leqslant 0 \\ 2x+1 & x>0 \end{cases}$,试确定函数在 $x=0$ 处的可导性.

第二节 导数的计算方法

初等函数是由基本初等函数经过有限次四则运算或者复合得到的能用一个表达式表示的函数,在上一节我们已经用导数的定义计算出几个基本初等函数的导数公式,本节我们继续研究四则运算与复合运算是如何求导的. 这样,对初等函数我们都可以求导了.

一、求导法则和公式

各种形式的导数计算,归根到底都是四则运算求导与复合函数求导,这两个运算法则要熟练掌握.

1. 函数和、差、积、商的求导法则

定理 2.2(导数的四则运算法则) 设函数 $u=u(x)$,$v=v(x)$(以下简写为 u,v)在点 x 处可导,则函数 $u\pm v,u\cdot v,\dfrac{u}{v}$

($v\neq 0$)也在点 x 处可导,且有以下法则:

(1) $(u\pm v)'=u'\pm v'$;

(2) $(u\cdot v)'=u'\cdot v+u\cdot v'$;

（3）$\left(\dfrac{u}{v}\right)'=\dfrac{u'v-uv'}{v^2}(v\neq 0)$.

证明 仅证 $(u\cdot v)'=u'\cdot v+u\cdot v'$.

设 $y=u(x)\cdot v(x)$，则

$$\begin{aligned}\Delta y&=u(x+\Delta x)v(x+\Delta x)-u(x)v(x)\\&=[u(x)+\Delta u]\cdot[v(x)+\Delta v]-u(x)\cdot v(x)\\&=u(x)\cdot\Delta v+v(x)\cdot\Delta u+\Delta u\cdot\Delta v,\end{aligned}$$

所以

$$\begin{aligned}\lim_{\Delta x\to 0}\frac{\Delta y}{\Delta x}&=\lim_{\Delta x\to 0}\left[u(x)\frac{\Delta v}{\Delta x}+v(x)\frac{\Delta u}{\Delta x}+\Delta u\frac{\Delta v}{\Delta x}\right]\\&=u'(x)v(x)+u(x)v'(x).\end{aligned}$$

即

$$(u\cdot v)'=u'\cdot v+u\cdot v'.$$

小贴士 | 推论：$(C\cdot u)'=C\cdot u'$（C 为常数）；
$(uvw)'=u'vw+uv'w+uvw'$.

例 2.2.1 设 $y=\sin 2x$，求 y'.

解
$$\begin{aligned}y'&=(2\sin x\cos x)'=2(\sin x\cos x)'\\&=2[(\sin x)'\cos x+\sin x(\cos x)']\\&=2(\cos^2 x-\sin^2 x)\\&=2\cos 2x.\end{aligned}$$

例 2.2.2 求证 $(\tan x)'=\sec^2 x$，$(\csc x)'=-\csc x\cdot\cot x$.

证明
$$\begin{aligned}(\tan x)'&=\left(\frac{\sin x}{\cos x}\right)'=\frac{(\sin x)'\cos x-\sin x(\cos x)'}{\cos^2 x}\\&=\frac{\cos^2 x+\sin^2 x}{\cos^2 x}=\frac{1}{\cos^2 x}=\sec^2 x.\end{aligned}$$

即
$$(\tan x)'=\sec^2 x.$$

$$(\csc x)'=\left(\frac{1}{\sin x}\right)'=\frac{-(\sin x)'}{\sin^2 x}=-\frac{\cos x}{\sin^2 x}=-\frac{\cos x}{\sin x}\cdot\frac{1}{\sin x}=-\csc x\cdot\cot x,$$

即
$$(\csc x)'=-\csc x\cdot\cot x.$$

类似可证 $(\cot x)'=-\csc^2 x$，$(\sec x)'=\sec x\cdot\tan x$.

2. 复合函数的求导法则

由例 2.2.1 知，复合函数 $y=\sin 2x$ 的导数为 $y'=2\cos 2x$，而 $y=\sin 2x$ 是由 $y=\sin u$ 和 $u=2x$ 复合而成的，

$$\frac{\mathrm{d}y}{\mathrm{d}u}=(\sin u)'=\cos u,\quad\frac{\mathrm{d}u}{\mathrm{d}x}=(2x)'=2.$$

$$\frac{\mathrm{d}y}{\mathrm{d}x}=y'=(\sin 2x)'=2\cos 2x=\cos 2x\cdot 2=\cos u\cdot 2=\frac{\mathrm{d}y}{\mathrm{d}u}\cdot\frac{\mathrm{d}u}{\mathrm{d}x},$$

☞ 扫一扫可见微课
"复合函数的求导法则"

即
$$\frac{\mathrm{d}y}{\mathrm{d}x}=\frac{\mathrm{d}y}{\mathrm{d}u}\cdot\frac{\mathrm{d}u}{\mathrm{d}x}.$$

对于一般的复合函数来说，$\frac{\mathrm{d}y}{\mathrm{d}x}$ 与 $\frac{\mathrm{d}y}{\mathrm{d}u}$ 和 $\frac{\mathrm{d}u}{\mathrm{d}x}$ 之间也存在这种关系.

定理 2.3 如果函数 $u=\varphi(x)$ 在点 x 处可导，而函数 $y=f(u)$ 在对应的点 u 处可导，则复合函数 $y=f[\varphi(x)]$ 也在点 x 处可导，且有

$$\frac{\mathrm{d}y}{\mathrm{d}x}=\frac{\mathrm{d}y}{\mathrm{d}u}\cdot\frac{\mathrm{d}u}{\mathrm{d}x} \text{或} [f(\varphi(x))]'=f'(u)\cdot\varphi'(x).$$

简记为 $y'_x=y'_u\cdot u'_x$. 复合函数的求导法则亦称为链式法则.

证明 给自变量 x 一个增量 Δx，相应函数有增量 $\Delta u,\Delta y$.

$$\lim_{\Delta x\to 0}\frac{\Delta y}{\Delta x}=\lim_{\Delta x\to 0}\frac{\Delta y}{\Delta u}\cdot\frac{\Delta u}{\Delta x}=\lim_{\Delta x\to 0}\frac{\Delta y}{\Delta u}\cdot\lim_{\Delta x\to 0}\frac{\Delta u}{\Delta x}=f'(u)\cdot\varphi'(x),$$

所以
$$\frac{\mathrm{d}y}{\mathrm{d}x}=\frac{\mathrm{d}y}{\mathrm{d}u}\cdot\frac{\mathrm{d}u}{\mathrm{d}x} \text{或} [f(\varphi(x))]'=f'(u)\cdot\varphi'(x).$$

例 2.2.3 求下列函数的导数：

(1) $y=\sqrt{a^2-x^2}$；   (2) $y=\mathrm{e}^{\sin\sqrt{x}}$.

解 (1) $y=\sqrt{a^2-x^2}$ 可看成由 $y=\sqrt{u},u=a^2-x^2$ 复合而成的，

$$y'_x=y'_u\cdot u'_x=(\sqrt{u})'\cdot(a^2-x^2)'_x=\frac{1}{2\sqrt{a^2-x^2}}\cdot(-2x)=-\frac{x}{\sqrt{a^2-x^2}}.$$

(2) $y=\mathrm{e}^{\sin\sqrt{x}}$ 可看成由 $y=\mathrm{e}^u,u=\sin v,v=\sqrt{x}$ 复合而成的，

$$y'=\mathrm{e}^{\sin\sqrt{x}}\cdot(\sin\sqrt{x})'=\mathrm{e}^{\sin\sqrt{x}}\cdot\cos\sqrt{x}\cdot(\sqrt{x})'=\mathrm{e}^{\sin\sqrt{x}}\cdot\cos\sqrt{x}\cdot\frac{1}{2\sqrt{x}}.$$

小贴士

在熟悉了链式法则后，可以不写出中间变量而直接求导，对外函数求导再乘以内函数的导数，当内函数是复合函数时，重复使用复合函数求导法则就可以了. 关键是理清复合函数结构，由外向内逐层求导.

小 点 睛

复合函数求导中我们用到整体变量代换的方法，将内函数看成一个整体，对外函数求导，再乘以内函数的导数，若内函数仍为复合函数，就重复使用复合函数求导的方法. 整体变量代换的方法在数学中很常见，在不定积分的第一换元法等后续学习内容中还会用到.

例 2.2.4 求下列函数的导数：

(1) $y=\arctan\sqrt{1+x^2}$；   (2) $y=\ln\tan\frac{x}{2}$；   (3) $y=\mathrm{e}^{3x^2+x}$.

解 (1) $\left(\arctan\sqrt{1+x^2}\right)' = \dfrac{1}{1+\left(\sqrt{1+x^2}\right)^2} \cdot \left(\sqrt{1+x^2}\right)'$

$$= \frac{1}{2+x^2} \cdot \frac{1}{2}(1+x^2)^{-\frac{1}{2}} \cdot (1+x^2)'$$

$$= \frac{x}{(2+x^2)\sqrt{1+x^2}}.$$

(2) $\left(\ln\tan\dfrac{x}{2}\right)' = \dfrac{1}{\tan\dfrac{x}{2}}\left(\tan\dfrac{x}{2}\right)' = \dfrac{1}{\tan\dfrac{x}{2}}\sec^2\dfrac{x}{2}\left(\dfrac{x}{2}\right)'$

$$= \frac{1}{\tan\dfrac{x}{2}} \cdot \frac{1}{\cos^2\dfrac{x}{2}} \cdot \frac{1}{2}$$

$$= \frac{1}{\sin x} = \csc x.$$

(3) $(e^{3x^2+x})' = e^{3x^2+x} \cdot (3x^2+x)' = (6x+1) \cdot e^{3x^2+x}$.

例 2.2.5 求 $y = \ln|f(x)|$ 的导数 ($f(x) \neq 0$ 且 $f(x)$ 可导).

解 $y = \ln|f(x)|$ 可由 $y = \ln u, u = f(x)$ 复合而成,则

$$y' = \frac{\mathrm{d}y}{\mathrm{d}u} \cdot \frac{\mathrm{d}u}{\mathrm{d}x} = \frac{1}{u} \cdot f'(x) = \frac{f'(x)}{f(x)}.$$

例 2.2.6 求 $y = \ln|\sec x + \tan x|$ 的导数.

解 $y' = \dfrac{1}{\sec x + \tan x}(\sec x + \tan x)' = \dfrac{\sec x\tan x + \sec^2 x}{\sec x + \tan x} = \sec x$.

3. **基本求导公式和求导法则**

(1) 基本初等函数的导数公式

$(C)' = 0$ (C 为常数)； $(x^\mu)' = \mu x^{\mu-1}$；

$(a^x)' = a^x \cdot \ln a$； $(e^x)' = e^x$；

$(\log_a x)' = \dfrac{1}{x\ln a}$； $(\ln x)' = \dfrac{1}{x}$；

$(\sin x)' = \cos x$； $(\cos x)' = -\sin x$；

$(\tan x)' = \sec^2 x$； $(\cot x)' = -\csc^2 x$；

$(\sec x)' = \sec x \cdot \tan x$； $(\csc x)' = -\csc x \cdot \cot x$；

$(\arcsin x)' = \dfrac{1}{\sqrt{1-x^2}}$； $(\arccos x)' = -\dfrac{1}{\sqrt{1-x^2}}$；

$(\arctan x)' = \dfrac{1}{1+x^2}$； $(\text{arccot}\,x)' = -\dfrac{1}{1+x^2}$.

(2) 导数的四则运算法则

$(u \pm v)' = u' \pm v'$； $(Cu)' = Cu'$ (C 为常数)；

$(uv)' = u'v + uv'$； $\left(\dfrac{u}{v}\right)' = \dfrac{u'v - uv'}{v^2}$ ($v \neq 0$).

（3）复合函数的求导法则

设 $y=f(u),u=\varphi(x)$，则复合函数 $y=f[\varphi(x)]$ 的导数为

$$\frac{\mathrm{d}y}{\mathrm{d}x}=\frac{\mathrm{d}y}{\mathrm{d}u}\cdot\frac{\mathrm{d}u}{\mathrm{d}x}或 y'=\{f[\varphi(x)]\}'=f'(\varphi(x))\cdot\varphi'(x).$$

> **小贴士**　掌握了基本初等函数的导数、四则运算求导和复合函数求导后，对一切初等函数我们都可以计算导数，且其导数仍为初等函数. 这也是大多数同学觉得导数计算相对比较简单的一个重要原因.

二、隐函数的导数

若由二元方程 $F(x,y)=0$ 可确定 y 关于 x 的一元函数关系，则称此函数为隐函数. 由 $y=f(x)$ 表示的函数，称为显函数. 由 $F(x,y)=0$ 表示的隐函数有的可以化成显函数后求导数. 例如，方程 $x^2-y+2=0$ 就可以化成显函数 $y=x^2+2$ 后求导. 不能化成显函数的隐函数如何求导呢？

下面介绍其求导方法：

在方程 $F(x,y)=0$ 的两边同时对 x 求导，遇到 y 时，就视 y 是 x 的函数；遇到关于 y 的函数时，就看成是 x 的复合函数，y 为中间变量；然后从所得的等式中解出 $\frac{\mathrm{d}y}{\mathrm{d}x}$，即可求得隐函数的导数.

例 2.2.7　设 $y=y(x)$ 是由方程 $\mathrm{e}^y+xy-y^2=0$ 所确定的隐函数，求 $\frac{\mathrm{d}y}{\mathrm{d}x}$.

解　在方程 $\mathrm{e}^y+xy-y^2=0$ 中把 y 看作 x 的函数，方程两边同时对 x 求导，得

$$\mathrm{e}^y y'+y+xy'-2yy'=0,$$

所以

$$\frac{\mathrm{d}y}{\mathrm{d}x}=y'=\frac{y}{2y-x-\mathrm{e}^y}.$$

> **小贴士**　由于隐函数常常解不出 $y=f(x)$ 的显函数式，因此，在导数 $\frac{\mathrm{d}y}{\mathrm{d}x}$ 的表达式中往往同时含有自变量 x 和因变量 y.

例 2.2.8　求椭圆 $\frac{x^2}{4}+\frac{y^2}{9}=1$ 在点 $\left(\sqrt{2},\frac{3\sqrt{2}}{2}\right)$ 处的切线方程.

解　在方程两边同时对 x 求导得

$$\frac{2x}{4}+\frac{2}{9}y\cdot y'=0,即 y'=-\frac{9x}{4y}.$$

$$k_切=y'\big|_{x=\sqrt{2},y=\frac{3\sqrt{2}}{2}}=-\frac{9x}{4y}\big|_{x=\sqrt{2},y=\frac{3\sqrt{2}}{2}}=-\frac{3}{2}.$$

故所求的切线方程为

$$y-\frac{3}{2}\sqrt{2}=-\frac{3}{2}(x-\sqrt{2}),$$

即

$$3x+2y-6\sqrt{2}=0.$$

三、高阶导数

设物体做变速直线运动,则物体运动的速度是路程 $s=s(t)$ 对时间 t 的导数,即

$$v=s'(t)=\frac{\mathrm{d}s}{\mathrm{d}t},$$

此时,若速度 v 仍是时间 t 的函数,我们仍可以求速度 v 对时间 t 的导数,用 a 表示,即

$$a=v'(t)=(s')',$$

则 a 为物体运动的加速度. 我们把导数 $(s')'$ 称为路程 s 对时间 t 的二阶导数. 一般地有

定义 2.2 若函数 $y=f(x)$ 的导数 $f'(x)$ 在点 x 处可导,则 $f'(x)$ 在点 x 处的导数称为函数 $y=f(x)$ 在点 x 处的二阶导数,记作

$$y'', \quad f''(x), \quad \frac{\mathrm{d}^2 y}{\mathrm{d}x^2} 或 \frac{\mathrm{d}^2 f(x)}{\mathrm{d}x^2},$$

即

$$y''=(y')', \quad f''(x)=[f'(x)]', \quad \frac{\mathrm{d}^2 y}{\mathrm{d}x^2}=\frac{\mathrm{d}}{\mathrm{d}x}\left(\frac{\mathrm{d}y}{\mathrm{d}x}\right) 或 \frac{\mathrm{d}^2 f(x)}{\mathrm{d}x^2}=\frac{\mathrm{d}f'(x)}{\mathrm{d}x}.$$

相应地,把函数 $y=f(x)$ 的导数 $f'(x)$ 称为 $y=f(x)$ 的一阶导数. 类似方法可以定义更高阶导数 $f^{(n)}(x)=[f^{(n-1)}(x)]'$.

小 点 睛

化归是把待解决的问题通过某种转化过程,归结到一类已经能够解决或者比较容易解决的问题中去,借此来获得原问题解的一种思想方法. 一切未知都建立在已知的基础上,从这个意义上说,化归是知识拓展的重要途径. 对两重以上的复合函数求导,每次都是对最外层求导再乘以内函数的导数,这样就将多重复合函数的问题划归为复合函数求导问题. 隐函数求导时将因变量看作自变量的函数,从而隐函数求导就化归为复合函数求导问题. 不管计算多少阶的高阶导数,全部是化归为一阶导数计算.

例 2.2.9 求下列函数的二阶导数:

(1) $y=3x^2+\ln x$; (2) $y=\cos^2\frac{x}{2}$.

解 (1) $y'=6x+\frac{1}{x}$,$y''=\left(6x+\frac{1}{x}\right)'=6-\frac{1}{x^2}$.

(2) $y'=\left(\cos^2\frac{x}{2}\right)'=2\cos\frac{x}{2}\cdot\left(-\sin\frac{x}{2}\right)\cdot\frac{1}{2}=-\frac{1}{2}\sin x.$

$$y''=\left(-\frac{1}{2}\sin x\right)'=-\frac{1}{2}\cos x.$$

例 2.2.10 设 $y = 2x^4 - 3x^2 + x - 1$，求 y'''.

解
$$y' = (2x^4 - 3x^2 + x - 1)' = 8x^3 - 6x + 1,$$
$$y'' = (8x^3 - 6x + 1)' = 24x^2 - 6,$$
$$y''' = (24x^2 - 6)' = 48x.$$

小贴士 对多项式而言，每求一次导数，多项式的次数就降低一次. n 次多项式的 n 阶导数为一常数，大于多项式次数的任何阶数的导数均为零.

习题 2.2

1. 求下列函数的导数：

(1) $y = 2x^2 - \dfrac{1}{x^3} + 5x + 1$;

(2) $y = x^2 \sin x$;

(3) $y = \dfrac{1}{\sqrt{x}} + \dfrac{\sqrt{x}}{2} - \dfrac{\pi}{2}$;

(4) $y = \dfrac{1}{x + \cos x}$;

(5) $y = \left(x - \dfrac{1}{x}\right)\left(x^2 - \dfrac{1}{x^2}\right)$;

(6) $y = \arcsin x + \arccos x$;

(7) $y = \dfrac{x \tan x}{1 + x^2}$;

(8) $y = \dfrac{10^x - 1}{10^x + 1}$;

(9) $y = e^x (\sin x - 2\cos x)$;

(10) $y = \dfrac{x + 5}{2x - 1}$;

(11) $y = 2\sec x + 3\sqrt[3]{x} \arctan x$;

(12) $y = \sin x \cos x$;

(13) $y = \dfrac{(x-1)^2}{x^2}$;

(14) $y = x(2x + 3)$;

(15) $y = x \ln x$;

(16) $y = \dfrac{e^x + 2x}{x}$;

(17) $y = \dfrac{\text{arccot} x}{1 + x^2}$;

(18) $y = \cot x \csc x$;

(19) $y = 3^x(5^x - 2^x + 2)$;

(20) $y = \dfrac{1 - 4^x + 6^x}{2^x}$;

(21) $y = x e^x \sec x$;

(22) $y = (1 + \sin x)\cos x$;

(23) $y = \dfrac{x^2 - 1}{x}$;

(24) $y = 2^x(x^3 - 1)\ln 2$;

(25) $y = \dfrac{x^2 - 1}{x - 1}$;

(26) $y = \dfrac{x^3 + 1}{x + 1}$;

(27) $y = \dfrac{2\ln x}{1 + x^2}$;

(28) $y = \sin x(\cot x - 2)$;

(29) $y = x^2 \log_3 x$;

(30) $y = \dfrac{\arcsin x}{x}$.

2. 求下列函数在给定点处的导数：

(1) $y=\sin x-\cos x$，求 $y'|_{x=\frac{\pi}{6}}$ 和 $y'|_{x=\frac{\pi}{4}}$；

(2) $p=\varphi\sin\varphi+\dfrac{1}{2}\cos\varphi$，求 $\dfrac{\mathrm{d}p}{\mathrm{d}\varphi}\Big|_{\varphi=\frac{\pi}{4}}$；

(3) $f(x)=\dfrac{3}{5-x}+\dfrac{x^2}{5}$，求 $f'(0)$ 和 $f'(2)$.

3. 求下列函数的导数：

(1) $y=\sin 4x$；

(2) $y=\mathrm{e}^{-4x}$；

(3) $y=2\sin^2 x$；

(4) $y=(2\sin x+x)^3$；

(5) $y=\ln\sqrt{1-3x}$；

(6) $y=(\sqrt{x}-x)^2$；

(7) $y=\arcsin\sqrt{x}$；

(8) $y=2^{\tan^2 x}$；

(9) $y=(4+\log_2 x)^2$；

(10) $y=x\mathrm{e}^{\sin x}$；

(11) $y=(x^4-1)^3$；

(12) $y=\sqrt{x+\sqrt{x}}$；

(13) $y=\ln(\ln(\ln x))$；

(14) $y=(\sin x+\cos x)^3$；

(15) $y=(\sin\sqrt{1-2x})^2$；

(16) $y=2^{\sqrt{x}}$；

(17) $y=\left(\arcsin\dfrac{1}{x}\right)^3$；

(18) $y=\arccos(\sin^2 x)$；

(19) $y=\ln(3+\sqrt{x^2-2})$；

(20) $y=\sin^2 x\cos^2 x$；

(21) $y=\mathrm{e}^{-3x}\sin 2x$；

(22) $y=\ln\sqrt{\dfrac{1+x}{1-x}}$；

(23) $y=\ln(\arctan 5x)$；

(24) $y=4^{\sin x^2}$；

(25) $y=(\operatorname{arccot}x^3)^2$；

(26) $y=\dfrac{\sec 4x}{1+\sin 2x}$；

(27) $y=\mathrm{e}^{-x}\cot(x^2-1)$；

(28) $y=\ln|\csc x-\cot x|$；

(29) $y=\mathrm{e}^{\csc\frac{1}{x^2}}$；

(30) $y=\left(x-\dfrac{1}{x}\right)\sec 3x$；

(31) $y=(4-\ln\sin x)^2$；

(32) $y=\cos(x\mathrm{e}^{7x})$；

(33) $y=\sqrt[3]{10-2x}$；

(34) $y=\dfrac{\arcsin 2x}{\sqrt{1-4x^2}}$；

(35) $y=(2^x-4^x)^3$；

(36) $y=\dfrac{\cos 3x}{\sin 2x}$；

(37) $y=\arctan(4x^2-3)$；

(38) $y=\ln|x-2x^3|$；

(39) $y=5^{x-\frac{2}{x}}$；

(40) $y=x^2\ln 3x$.

4. 求下列函数的高阶导数：

(1) 设 $y=x^3-2x^2+4x-10$，求 y'''，$y^{(4)}$.

(2) 设 $y=3x^2+x-\dfrac{1}{x}$，求 y''.

(3) 设 $y=(x^2+4x)^3$，求 y''.

(4) 设 $y=x\mathrm{e}^x$，求 y''.

(5) 设 $y=x\ln x$，求 y''.

第三节　导数的应用

本节先介绍用导数求未定型极限的方法——洛必达法则，再介绍导数的几何应用. 导数在经济分析中的应用留待下一节讲解.

一、洛必达法则求极限

我们知道，当 $x \to a (x \to \infty)$ 时，两个函数 $f(x)$，$g(x)$ 都趋于 0 或都趋于无穷大，这时极限 $\lim\limits_{\substack{x \to a \\ (x \to \infty)}} \dfrac{f(x)}{g(x)}$ 可能存在，也可能不存在；若存在，其极限值也不尽相同，这种极限称为未定式，并分别简记为 $\dfrac{0}{0}$ 型或 $\dfrac{\infty}{\infty}$ 型.

下面我们给出求这种未定式极限的有效方法——洛必达法则.

1. $\dfrac{0}{0}$ 型未定式

定理 2.4　如果(1)当 $x \to a$ 时，$f(x)$ 与 $g(x)$ 都趋向于零(或都趋向于无穷大)；(2)在点 a 的 $\mathring{N}(a, \delta)$ 内 $f'(x)$，$g'(x)$ 都存在，且 $g'(x) \neq 0$；(3) $\lim\limits_{x \to a} \dfrac{f'(x)}{g'(x)}$ 存在(或为 ∞)，则 $\lim\limits_{x \to a} \dfrac{f(x)}{g(x)}$ 存在(或为 ∞)，且 $\lim\limits_{x \to a} \dfrac{f(x)}{g(x)} = \lim\limits_{x \to a} \dfrac{f'(x)}{g'(x)}$.

例 2.3.1　$\lim\limits_{x \to 2} \dfrac{x^3 - 2x - 4}{x^3 - 8}$.

解　这是 $\dfrac{0}{0}$ 型，$\lim\limits_{x \to 2} \dfrac{x^3 - 2x - 4}{x^3 - 8} = \lim\limits_{x \to 2} \dfrac{3x^2 - 2}{3x^2} = \dfrac{10}{12} = \dfrac{5}{6}$.

例 2.3.2　求 $\lim\limits_{x \to 0} \dfrac{x - x\cos x}{x - \sin x}$.

解　这是 $\dfrac{0}{0}$ 型，$\lim\limits_{x \to 0} \dfrac{x - x\cos x}{x - \sin x} = \lim\limits_{x \to 0} \dfrac{1 - \cos x + x\sin x}{1 - \cos x}$ 仍是 $\dfrac{0}{0}$ 型，继续使用洛必达法则.

原式 $= \lim\limits_{x \to 0} \dfrac{\sin x + \sin x + x\cos x}{\sin x} = \lim\limits_{x \to 0} \left(2 + \dfrac{x\cos x}{\sin x} \right) = 3$.

例 2.3.3　求 $\lim\limits_{x \to +\infty} \dfrac{\ln^2 x}{x}$.

解　原式 $= \lim\limits_{x \to +\infty} \dfrac{2\ln x \cdot \dfrac{1}{x}}{1} = 2 \lim\limits_{x \to +\infty} \dfrac{\ln x}{x} = 2 \lim\limits_{x \to +\infty} \dfrac{\dfrac{1}{x}}{1} = 0$.

> **小贴士**
>
> (1)洛必达法则适用于求 $\dfrac{0}{0}$ 型或 $\dfrac{\infty}{\infty}$ 型未定式极限，每次使用法则时需检查所求极限是否为 $\dfrac{0}{0}$ 型或 $\dfrac{\infty}{\infty}$ 型；若 $\lim\limits_{x \to x_0} \dfrac{f'(x)}{g'(x)}$ 仍为 $\dfrac{0}{0}$ 型或 $\dfrac{\infty}{\infty}$ 型未定式，可继续使用洛必达法则. (2)若 $\lim\limits_{\substack{x \to a \\ x \to \infty}} \dfrac{f'(x)}{g'(x)}$ 不存在或是 ∞，并不表明 $\lim\limits_{\substack{x \to a \\ x \to \infty}} \dfrac{f(x)}{g(x)}$ 不存在，只表明洛必达法则失效.

例如，$\lim\limits_{x \to +\infty} \dfrac{\sqrt{x^2+1}}{x}$，这是 $\dfrac{\infty}{\infty}$ 型未定式，若使用洛必达法则，有

$$\lim\limits_{x \to +\infty} \frac{\sqrt{x^2+1}}{x} = \lim\limits_{x \to +\infty} \frac{\left(\sqrt{x^2+1}\right)'}{(x)'} = \lim\limits_{x \to +\infty} \frac{x}{\sqrt{x^2+1}} = \lim\limits_{x \to +\infty} \frac{(x)'}{\left(\sqrt{x^2+1}\right)'} = \lim\limits_{x \to +\infty} \frac{\sqrt{x^2+1}}{x}.$$

所以利用洛必达法则无法求出极限，但使用前面讲过的方法易知：

$$\lim\limits_{x \to +\infty} \frac{\sqrt{x^2+1}}{x} = \lim\limits_{x \to +\infty} \sqrt{\frac{x^2+1}{x^2}} = \lim\limits_{x \to +\infty} \sqrt{1 + \frac{1}{x^2}} = 1.$$

二、函数单调性的判定

我们先介绍拉格朗日中值定理，随后给出函数单调性的判定方法.

1. 拉格朗日（Lagrange）中值定理

定理 2.5（拉格朗日中值定理） 如果函数 $y = f(x)$ 满足条件：(1)在闭区间 $[a,b]$ 上连续；(2)在开区间 (a,b) 内可导，则在开区间 (a,b) 内至少存在一点 ξ，使得 $f'(\xi) = \dfrac{f(b)-f(a)}{b-a}$ 或写成 $f(b)-f(a) = f'(\xi)(b-a)$.

定理的几何意义：若连续曲线 $y = f(x)$ 上的弧 $\overparen{AB}$ 除端点外有处处不垂直于 x 轴的切线，则在这段弧上至少存在一点 C，使曲线在 C 点的切线平行于弦 AB（如图 2-4）.

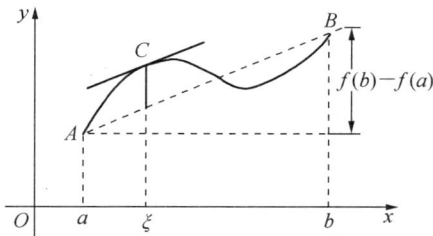

图 2-4

推论 2.1 设函数 $f(x)$ 在 (a,b) 内可导，且 $f'(x) \equiv 0$，则 $f(x)$ 在该区间内是一个常数函数，即 $f(x) \equiv C$（常数）.

证明 在 (a,b) 内任取两点 x_1, x_2，设 $x_1 < x_2$，则由拉格朗日中值定理知存在点 $\xi \in (x_1, x_2)$，使得 $f(x_2) - f(x_1) = f'(\xi)(x_2 - x_1) = 0$，因 x_1, x_2 为 (a,b) 内任意两点，故 $f(x)$ 在 (a,b) 上的函数值是相等的，即 $f(x) \equiv C$.

推论 2.2 设函数 $f(x)$ 与 $g(x)$ 在 (a,b) 内可导，且它们的导数相等，即 $f'(x) = g'(x)$，则 $f(x)$ 与 $g(x)$ 仅相差一个常数，即

$$f(x) = g(x) + C.$$

2. 函数的单调性

如图 2-5 所示，单调增加（减少）函数的图形是一条沿 x 轴正向上升（下降）的曲线，曲

线上各点处的切线斜率都是正（都是负）的. 由此可见, 函数的单调性与导数的符号有密切的关系.

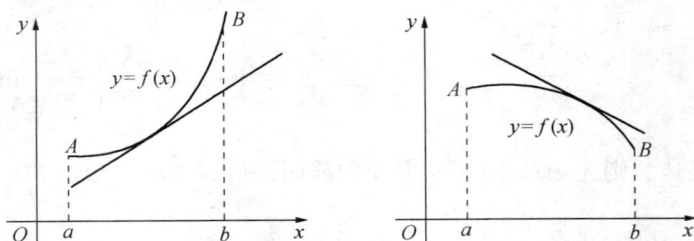

图 2 - 5

定理 2.6 设函数 $y=f(x)$ 在 $[a,b]$ 上连续, 在 (a,b) 内可导.

(1) 如果在 (a,b) 内, $f'(x)>0$, 则函数 $y=f(x)$ 在 $[a,b]$ 上单调增加;

(2) 如果在 (a,b) 内, $f'(x)<0$, 则函数 $y=f(x)$ 在 $[a,b]$ 上单调减少.

证明 (1) 任给 $a<x_1<x_2<b$, 根据拉格朗日中值定理, 有

$f(x_2)-f(x_1)=f'(\xi)(x_2-x_1)$, 因为在 (a,b) 内, $f'(x)>0$, 所以 $f(x_2)-f(x_1)>0$.

(2) 同理得证.

例 2.3.4 判断函数 $f(x)=4x+2\cos x$ 在 $[0,2\pi]$ 上的单调性.

解 在 $(0,2\pi)$ 内, $f'(x)=4-2\sin x>0$.

由上述定理知: $f(x)=4x+2\cos x$ 在 $[0,2\pi]$ 上单调增加.

例 2.3.5 求函数 $f(x)=x^3-3x^2-9x+1$ 的单调区间.

解 (1) 该函数的定义域是 $(-\infty,+\infty)$.

(2) $f'(x)=3x^2-6x-9=3(x+1)(x-3)$, 无不可导点.

令 $f'(x)=0$, 得 $x_1=-1, x_2=3$.

它们将定义域划分为三个子区间: $(-\infty,-1)$, $(-1,3)$, $(3,+\infty)$.

(3) 因为当 $x\in(-\infty,-1)$ 及 $x\in(3,+\infty)$ 时, $f'(x)>0$; 当 $x\in(-1,3)$ 时, $f'(x)<0$.

为简便直观起见, 通常列表讨论:

x	$(-\infty,-1)$	-1	$(-1,3)$	3	$(3,+\infty)$
$f'(x)$	$+$	0	$-$	0	$+$
$f(x)$	↗		↘		↗

所以 $(-\infty,-1]$ 和 $[3,+\infty)$ 是 $f(x)$ 的单调增加区间, $[-1,3]$ 是 $f(x)$ 的单调减少区间.

三、求函数的极值和最值

1. 函数的极值

定义 2.3 设函数 $f(x)$ 在点 x_0 的邻域 $N(x_0,\delta)$ 内有定义, 若对于 x_0 的去心邻域 $N(\hat{x}_0,\delta)$ 中的所有 x 有 $f(x_0)>f(x)$, 则称 $f(x_0)$ 为函数 $f(x)$ 的极大值, 点 x_0 称为函数 $f(x)$ 的极大值点; 若对于 x_0 的去心邻域 $N(\hat{x}_0,\delta)$ 中的所有 x 有 $f(x_0)<f(x)$, 则称 $f(x_0)$ 为函数 $f(x)$ 的极小值, 点 x_0 称为函数 $f(x)$ 的极小值点. 极大值点与极小值点统称为极值点.

9787305190377

小贴士 极值是一个局部性概念,是一个邻域内的最大值与最小值;最值是对整个区间而言,最值若取在区间的内部,则最值必为极值.

❓ 请思考

函数极值不能在区间端点取得,为什么?

从图 2-6 我们还可以看到,函数在极值点处,曲线上的切线是水平的,这给我们以启示,可导函数的极值点可在导数等于零的点中寻找.

下面介绍函数取得极值的必要条件与充分条件.

定理 2.7(必要条件) 设函数 $f(x)$ 在点 x_0 的邻域 $U(x_0,\delta)$ 内有定义,$f(x)$ 在点 x_0 处可导且取得极值,则 $f'(x)=0$. 满足 $f'(x_0)=0$ 的点 x_0 称为函数 $f(x)$ 的驻点.

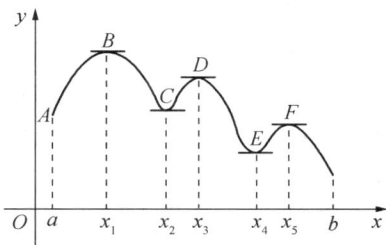

图 2-6

上述定理告诉我们,可导函数 $f(x)$ 的极值点必是驻点. 反过来,驻点却不一定是 $f(x)$ 的极值点. 例如,点 $x=0$ 是 $f(x)=x^3$ 的驻点,但不是极值点.

对于一个连续函数,它的极值点还可能是导数不存在的点. 例如,$f(x)=|x|$ 在点 $x=0$ 的导数不存在,但 $x=0$ 却是函数的极小值点.

总之,函数的极值点要么是可导函数的驻点,要么就是函数的不可导点,但这些可能的极值点是否是极值点,是取得极大值还是极小值,需进一步判定.

定理 2.8(第一充分条件) 设连续函数在点 x_0 的去心邻域 $N(\overset{\wedge}{x_0},\delta)$ 内可导.

(1) 当 $x<x_0$ 时,$f'(x)>0$,而当 $x>x_0$ 时,$f'(x)<0$,则 $f(x)$ 在点 x_0 处取得极大值 $f(x_0)$;

(2) 当 $x<x_0$ 时,$f'(x)<0$,而当 $x>x_0$ 时,$f'(x)>0$,则 $f(x)$ 在点 x_0 处取得极小值 $f(x_0)$;

(3) 当在 x_0 的左右两侧 $f'(x)$ 不变号,则 $f(x)$ 在点 x_0 处不取得极值.

小贴士 综合以上讨论,可得求函数极值步骤如下:

第一步 求函数的定义域及导数;

第二步 求出函数的驻点及导数没有定义的点,把原定义区间重新划分成若干个子区间;

第三步 列表考察每个子区间内 $f'(x)$ 的符号,利用定理 2.7 判定哪些为极值点;

第四步 求出函数的极值.

例 2.3.6 求函数 $f(x)=x-\dfrac{3}{2}x^{\frac{2}{3}}$ 的极值.

解 $f'(x)=1-x^{-\frac{1}{3}}$.

令 $f'(x)=0$,得 $x=1$,当 $x=0$ 时,$f'(x)$ 不存在,列表如下:

x	$(-\infty,0)$	0	$(0,1)$	1	$(1,+\infty)$
$f'(x)$	$+$	不存在	$-$	0	$+$
$f(x)$	↗	极大值	↘	极小值	↗

所以极大值为 $f(0)=0$，极小值为 $f(1)=-\dfrac{1}{2}$.

定理 2.9（第二充分条件） 设函数在点 x_0 处具有二阶导数，且 $f'(x)=0$，$f''(x)\neq 0$，则

(1) 当 $f''(x_0)<0$ 时，$f(x)$ 在点 x_0 处取得极大值 $f(x_0)$；

(2) 当 $f''(x_0)>0$ 时，$f(x)$ 在点 x_0 处取得极小值 $f(x_0)$.

例 2.3.7 求函数 $f(x)=2x^3-6x^2-18x+7$ 的极值.

解 (1) 该函数的定义域是 $(-\infty,+\infty)$；

(2) $f'(x)=6(x-3)(x+1)$，无不可导点.

令 $f'(x)=0$，得驻点为 $x_1=-1$，$x_2=3$.

(3) $f''(x)=12(x-1)$，因为 $f''(-1)=-24<0$，$f''(3)=24>0$，所以 $f(x)$ 在 $x=-1$ 处取得极大值为 17，在 $x=3$ 处取得极小值为 -47.

2. 函数的最值

在实践中常需要解决怎样使材料最省、效率最高、成本最低、产品最多、耗时最少、强度最大等问题，这类问题反映在数学上就是求函数（通常称为目标函数）的最大值和最小值问题.

设 $f(x)$ 在闭区间 $[a,b]$ 上连续，则由连续函数性质，$f(x)$ 在 $[a,b]$ 上必存在最大值和最小值，显然最大值或最小值可能在闭区间的内部取得，也可能在区间的端点取得，当在区间内部取得时，那么这最大（小）值同时也是极大（小）值；而极值点在驻点或导数不存在的点取得，因此，我们求函数在 $[a,b]$ 上的最值常采取以下步骤：

第一步 求出 $f(x)$ 在 $[a,b]$ 上的所有驻点和导数不存在的点；

第二步 求出驻点、导数不存在的点及端点所对应的函数值；

第三步 对上述函数值进行比较，其最大者即为最大值，最小者即为最小值.

例 2.3.8 求 $f(x)=(x-1)\sqrt[3]{x^2}$ 在 $\left[-1,\dfrac{1}{2}\right]$ 上的最大值和最小值.

解 $f'(x)=\dfrac{5x-2}{3\sqrt[3]{x}}$，由此知，$f(x)$ 的驻点为 $x=\dfrac{2}{5}$，不可导点为 $x=0$.

又 $f(-1)=-2$，$f(0)=0$，$f\left(\dfrac{2}{5}\right)\approx-0.325\ 7$，$f\left(\dfrac{1}{2}\right)\approx-0.315\ 0$.

比较知：最大值为 0，最小值为 -2.

在实际问题中，需先建立函数关系式，确定自变量的变化范围，再来求最值. 如果在 (a,b) 内 $f(x)$ 只有一个驻点 x_0，而且从实际问题本身又可判断 $f(x)$ 在 (a,b) 内必定有最大值或最小值，则 $f(x_0)$ 就是所要求的最大值或最小值.

例 2.3.9 用一块宽为 6 m 的长方形铁皮，将宽的两个边缘向上折起，做成一个开口水

槽,其横截面为矩形,问高 r_0 为何值时水槽流量最大?

解　如图 2-7 所示,设两边各折起 x m,则横截面积为 $s(x)=x(6-2x)(0<x<3)$,则 $s'(x)=6-4x$,令 $s'(x)=6-4x=0$,得唯一驻点 $x=1.5$,而铁皮两边折得过大或过小,其横截面积都会变小,故该实际问题存在最大面积,所以当 $x=1.5$ m 时,水槽的流量最大.

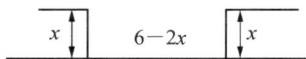

图 2-7

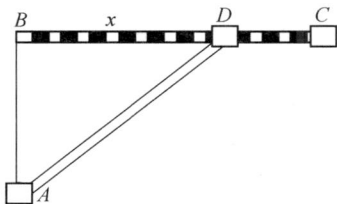

图 2-8

例 2.3.10　设工厂 A 到铁路的垂直距离为 20 千米,垂足为 B,铁路线上距离 B 为 100 千米处有一原料供应站 C(如图2-8),现在要从铁路 BC 中间某处 D 修建一个车站,再由车站 D 向工厂 A 修一公路,问应选在何处才能使得从原料供应站 C 运货到工厂 A 运费最省. 已知 1 千米的铁路运费与公路运费之比为 3:5.

解　设 $BD=x$,则 $AD=\sqrt{x^2+20^2}$,$CD=100-x$.又设公路运费为 a 元/千米,则铁路运费 $\dfrac{3}{5}a$ 元/千米.于是从原料供应站 C 经中转站 D 到工厂 A 所需总费用为

$$y=a\sqrt{x^2+20^2}+\frac{3}{5}a(100-x) \quad (0\leqslant x\leqslant 100),$$

$$y'=\frac{ax}{\sqrt{x^2+20^2}}-\frac{3}{5}a,\text{令 } y'=0,\text{得 } x=\pm 15.$$

因此,当车站 D 建于 B,C 之间且与 B 相距 15 千米时运费最省.

四、曲线的凹凸性和拐点

研究函数的增减性和极值对于描绘函数的图形很有帮助,但这还不能完全反映函数曲线的变化规律. 为了更为准确地把握函数曲线的变化特征,还需对曲线的弯曲方向进行研究,为此我们给出以下定义:

定义 2.4　设函数 $y=f(x)$ 在区间 (a,b) 内可导,若曲线 $y=f(x)$ 在 (a,b) 上每一点的切线都位于该曲线的下(上)方,则称曲线 $y=f(x)$ 在区间 (a,b) 内是凹(凸)的,如图 2-9 所示.

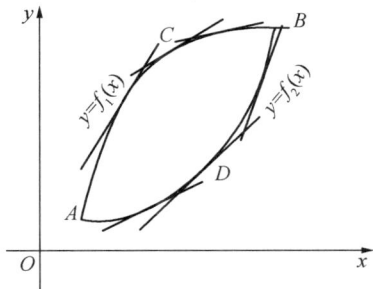

图 2-9

定理 2.10　设 $y=f(x)$ 在区间 (a,b) 内具有二阶导数.

(1) 若在 (a,b) 内,$f''(x)>0$,则曲线 $y=f(x)$ 在 (a,b) 内是凹的;

(2) 若在 (a,b) 内,$f''(x)<0$,则曲线 $y=f(x)$ 在 (a,b) 内是凸的.

曲线凹凸部分的分界点,称为曲线的拐点.

函数凹凸性的判定实际上化归为一阶导数单调性的判定. 曲线是凹曲线,等价于一阶导数单调递增,从而二阶导数大于零;曲线是凸曲线,等价于一阶导数单调递减,从而二阶导数小于零.

小贴士

求曲线凹凸区间及拐点的步骤:

第一步　求出 $f(x)$ 的定义域;

第二步　求出 $f''(x)=0$ 和 $f''(x)$ 不存在的点;

第三步　列表考察上述各点相邻两侧 $f''(x)$ 的符号,若异号,则与该点对应的曲线上的点即是拐点,反之则不是. 与此同时还可得出曲线的凹凸区间.

例 2.3.11　求曲线 $y=x^{\frac{8}{3}}-x^{\frac{5}{3}}$ 的凹凸区间及拐点.

解　函数的定义域为 $(-\infty,+\infty)$,$y'=\dfrac{8}{3}x^{\frac{5}{3}}-\dfrac{5}{3}x^{\frac{2}{3}}$,

$$y''=\frac{40}{9}x^{\frac{2}{3}}-\frac{10}{9}x^{-\frac{1}{3}}=\frac{10}{9}x^{-\frac{1}{3}}(4x-1),$$

令 $y''=0$,得 $x=\dfrac{1}{4}$.

还有一个二阶导数不存在的点 $x=0$.

x	$(-\infty,0)$	0	$\left(0,\dfrac{1}{4}\right)$	$\dfrac{1}{4}$	$\left(\dfrac{1}{4},+\infty\right)$
y''	$+$	不存在	$-$	0	$+$
y	凹	$(0,0)$拐点	凸	$\left(\dfrac{1}{4},-\dfrac{3}{16}\dfrac{1}{\sqrt[3]{16}}\right)$拐点	凹

从上表可知,$y=x^{\frac{8}{3}}-x^{\frac{5}{3}}$ 在 $(-\infty,0)$ 及 $\left(\dfrac{1}{4},+\infty\right)$ 上曲线为凹的,在 $\left(0,\dfrac{1}{4}\right)$ 上曲线为凸的,拐点为 $(0,0)$ 和 $\left(\dfrac{1}{4},-\dfrac{3}{16}\dfrac{1}{\sqrt[3]{16}}\right)$.

习题 2.3

1. 用洛必达法则求下列极限:

(1) $\lim\limits_{x\to 1}\dfrac{\ln x}{x-1}$;

(2) $\lim\limits_{x\to 0}\dfrac{\sin 3x}{\tan 5x}$;

(3) $\lim\limits_{x\to 0}\dfrac{e^x-e^{-x}-2x}{x-\sin x}$;

(4) $\lim\limits_{x\to 0}\dfrac{1-\cos x^2}{x^3\sin x}$;

(5) $\lim\limits_{x\to 0}\dfrac{\tan x-x}{x-\sin x}$;

(6) $\lim\limits_{x\to 0}\dfrac{\ln\cos 2x}{\ln\cos 3x}$.

2. 求下列函数的极值：

(1) $y=2x^3-3x^2$；

(2) $y=2\arctan x-x$；

(3) $y=x\ln x$；

(4) $y=\dfrac{3x^2+4x+4}{x^2+x+1}$.

3. 求下列曲线的凹凸区间与拐点：

(1) $y=xe^{-x}$；

(2) $y=(x+1)^4+e^x$；

(3) $y=e^{\arctan x}$；

(4) $y=\ln(x^2+1)$.

4. 确定 a 值，使 $f(x)=a\sin x+\dfrac{1}{3}\sin 3x$ 在 $x=\dfrac{\pi}{3}$ 处取极值，指出它是极大值还是极小值？并求此极值.

5. a,b 为何值时，点 $(1,3)$ 是曲线 $y=ax^3+bx^2$ 的拐点？

第四节　导数在经济分析中的应用

本节我们要学习经济学的两个重要概念——边际与弹性，这两个概念在经济分析中有着重要作用. 本节我们先介绍概念，解释数学工具是如何应用于经济分析的. 希望通过本小节的学习，掌握数学建模的基本思路：呈现问题，从具体问题中抽象出数学问题→建立模型，调用相关数学知识建立数学模型→模型求解，借助数学软件求解模型→结果分析，得到的数学结果如何去解释现实问题→模型应用，得到的结论还能解释其他问题.

一、边际分析

定义 2.5　边际是指一单位自变量的变化量所引起的因变量的变化量. 在数学上，即因变量对自变量的导数.

定义 2.6　总成本函数 $C(q)$ 的导数 $C'(q)$ 称为边际成本函数，简称边际成本，记作 MC，即 $MC=\dfrac{dC}{dq}=C'(q)$.

边际成本表示总成本 C 对产量 q 的变化率，其经济学意义可以理解为：在产量为 q 的基础上，再多（或少）生产一个单位产品大约增加（或减少）的总成本量.

例 2.4.1　设某厂生产某种产品的总成本函数为 $C(q)=200+4q+0.05q^2$（元）（q 为产量）. 求产量为 200 时的边际成本，并说明其经济意义.

解　边际成本函数为 $C'(q)=4+0.1q$，又 $C'(200)=4+20=24$，即当产量达到 200 个单位时，再多生产一个单位产品，总成本将增加约 24 元.

定义 2.7　总收入 $R(q)$ 的导数 $R'(q)$ 称为边际收入函数，简称边际收入，记作 MR，即 $MR=\dfrac{dR}{dq}=R'(q)$.

边际收入表示总收入 R 对产量 q 的变化率，其经济意义可以理解为：在产量为 q 的基础上，再增加（或减少）一个单位产品大约增加（或减少）的总收入量.

例 2.4.2　设产品的需求函数为 $q=100-5p$，其中 p 为价格，q 为需求量. 求边际收入函数及需求量为 40 时的边际收入，并解释所得结果的经济意义.

解　根据 $q=100-5p$，得 $p=\dfrac{100-q}{5}$，所以总收入函数为 $R(q)=pq=\dfrac{100-q}{5}\cdot q=$

$\frac{1}{5}(100q-q^2)$，由边际收入函数为 $R'(q)=\frac{1}{5}(100-2q)$，所以需求量为 40 的边际收入为 $R'(40)=4$. 其经济意义为，当销售量为 40 个单位时，多销售 1 个单位的产品，收入将增加约 4 个单位.

例 2.4.3 厂商最优产量的确定.

解 假设厂商的收益函数为 $R(q)$，成本函数为 $C(q)$.

厂商利润函数 $L(q)=R(q)-C(q)$.

利润最大化一阶条件为

$$\frac{\mathrm{d}L}{\mathrm{d}q}=\frac{\mathrm{d}R}{\mathrm{d}q}-\frac{\mathrm{d}C}{\mathrm{d}q}=MR(q)-MC(q)=0,$$

即

$$MR(q)=MC(q).$$

也就是说，边际收益等于边际成本是厂商实现利润最大化的均衡条件.

例 2.4.4 已知完全竞争行业中的某厂商的短期成本函数为 $C=0.1Q^3-2Q^2+15Q+10$. 试求：

(1) 当市场上产品的价格为 $P=55$ 时，厂商的短期均衡产量和利润；

(2) 当市场价格下降多少时，厂商必须停产？

解 (1) 边际成本为 $MC=\frac{\mathrm{d}C}{\mathrm{d}Q}=0.3Q^2-4Q+15$.

完全竞争厂商是市场价格的接受者，因为市场上有众多销售同质商品的厂商，每个厂商都没有定价权，都只是市场价格的接受者，所以 $MR=P$.

由例 2.4.3 知，完全竞争厂商利润最大化原则 $MC=MR=P$，

$$0.3Q^2-4Q+15=55，解得 Q=20（负值舍去）.$$

代入可得利润 $L=55\times20-(0.1\times20^3-2\times20^2+15\times20+10)=790$.

(2) 厂商停止生产的标准是边际收益低于平均可变成本，此题中即为价格低于平均可变成本的最低值，即 $P\leqslant\min(AVC)$.

平均可变成本 $AVC=\frac{0.1Q^3-2Q^2+15Q}{Q}=0.1Q^2-2Q+15$，

$$\frac{\mathrm{d}AVC}{\mathrm{d}Q}=0.2Q-2=0,$$

解得 $Q=10$.

可变成本最低值为 $0.1\times10^2-2\times10+15=5$，所以当价格低于 5 时，厂商必须停产.

二、弹性分析

定义 2.8 弹性 $=\dfrac{\text{因变量的变动百分比}}{\text{自变量的变动百分比}}$.

弹性反映当自变量变化 1% 时，因变量变化百分之几.

需求价格弹性：假设需求函数 $Q=f(P)$，则需求的价格弹性为

$$e = -\frac{\dfrac{\Delta Q}{Q}}{\dfrac{\Delta P}{P}} = -\frac{\Delta Q}{\Delta P}\frac{P}{Q}.$$

此处加负号是因为需求函数通常是单调递减函数,故给弹性取绝对值以便于比较.

当价格变化很小时,需求价格点弹性 $e = \lim\limits_{\Delta P \to 0}\left(-\frac{\Delta Q}{\Delta P}\frac{P}{Q}\right) = -\frac{\mathrm{d}Q}{\mathrm{d}P}\frac{P}{Q}$.

弹性是商品的一种属性,影响因素主要有替代品的可获得性和收入水平.

$e > 1$ 时,富有弹性;$e = 1$ 时,单位弹性;$e < 1$ 时,缺乏弹性.

例 2.4.5 设某商品的需求函数为 $Q(P) = 12 - \dfrac{P}{2}$,求:

(1) 需求弹性函数;

(2) 当 $P = 6$ 时的需求弹性,并说明经济意义;

(3) 当 $P = 6$,若价格上涨 1%,总收益增加还是减少? 变化的幅度是多少?

(1) 需求弹性函数为 $\dfrac{EQ}{EP} = -\dfrac{P}{12 - \dfrac{P}{2}} \cdot \left(-\dfrac{1}{2}\right) = \dfrac{P}{24 - P}$;

(2) $\left.\dfrac{EQ}{EP}\right|_{P=6} = \dfrac{6}{24-6} = \dfrac{1}{3} \approx 0.33$,说明当价格上涨 1% 时,商品的需求量将大约下降 0.33%;

(3) 因为 $\left.\dfrac{EQ}{EP}\right|_{P=6} < 1$,所以当 $P = 6$ 时,收益函数 R 是随价格 P 单调递增的,即价格上涨,总收益将增加. 由于 $R(P) = PQ = 12P - \dfrac{P^2}{2}$,所以 $\left.\dfrac{ER}{EP}\right|_{P=6} = 1 - \left.\dfrac{EQ}{EP}\right|_{P=6} = 1 - \dfrac{1}{3} = \dfrac{2}{3} \approx 0.67$,即 $P = 6$ 时,价格上涨 1%,总收益约增加 0.67%.

例 2.4.6 "薄利多销"一定对吗? 根据你的分析解释"谷贱伤农".

解 商家出售商品所能得到的收益为 $R = PQ$,

$$\frac{\mathrm{d}R}{\mathrm{d}P} = Q + P\frac{\mathrm{d}Q}{\mathrm{d}P} = Q\left(1 + \frac{\mathrm{d}Q}{\mathrm{d}P}\frac{P}{Q}\right) = Q(1 - e), e \text{ 为需求价格弹性}.$$

从上式可以看出:

当 $e > 1$ 时,也就是商品富有弹性时,$\dfrac{\mathrm{d}R}{\mathrm{d}P} < 0$,此时降价才能增加收益;

当 $e = 1$ 时,也就是单一弹性的商品,$\dfrac{\mathrm{d}R}{\mathrm{d}P} = 0$,此时降价或者提价对收益都没有影响;

当 $e < 1$ 时,也就是商品缺乏弹性时,$\dfrac{\mathrm{d}R}{\mathrm{d}P} > 0$,此时降价反而会损失收益.

所以千万不要被商家的所谓"感恩回馈"之类的打折促销活动蒙蔽,其实,商家都是为了自己的利润最大化.

在需求比较稳定时,粮食获得丰收一般粮食价格是会下降的. 人们不会因为大米涨价了就少吃一碗饭,也不会因为土豆降价了就多吃几个,所以初级农产品一般是缺乏弹性的,因此,粮食降价后农民获得的总收益反而下降. 历史上,西方国家都为农业发展制定了好多政策. 譬如,某些国家的一些援助农场主的计划就是通过提供补贴的方式来减少农产品的种植面积,以减少农产品的供给,从而保证农产品的价格,最终保证农场主的利益.

例 2.4.7 三级价格歧视.

垄断厂商对同一种产品在不同市场对不同消费者收取不同价格的行为,经济学中称为三级价格歧视. 譬如,根据提前购买机票的时间不同折扣不一样,同一种刊物图书馆的购买价格要高于学生的购买价格,同种商品在城市和郊区的价格不一样,商场常见的特定时间段打折促销等等,都属于三级价格歧视. 那么厂商是根据什么原则来安排这些营销活动的呢?

解 假设有两个分割的市场 1 和 2,因为每件产品的成本是一样的,厂商一定是根据 $MR_1 = MR_2 = MC$ 的原则来进行销售.

$$\frac{dR}{dQ} = P + Q\frac{dP}{dQ} = P\left(1 + \frac{dP}{dQ}\frac{Q}{P}\right) = P\left(1 - \frac{1}{e}\right), e$$ 为需求价格弹性.

在市场 1,有 $$MR_1 = P_1\left(1 - \frac{1}{e_1}\right),$$

在市场 2,有 $$MR_2 = P_2\left(1 - \frac{1}{e_2}\right),$$

所以就有 $$P_1\left(1 - \frac{1}{e_1}\right) = P_2\left(1 - \frac{1}{e_2}\right).$$

整理得 $\dfrac{P_1}{P_2} = \dfrac{1 - \dfrac{1}{e_1}}{1 - \dfrac{1}{e_2}}$,即同一市场中价格与需求价格弹性成反比.

所以三级价格歧视要求在需求价格弹性小的市场提高价格,而在需求弹性较大的市场降低产品价格.

习题 2.4

1. 已知某商品的需求函数为 $Q = 2\,000 - 100P$(Q 为商品数量,P 为商品价格),总成本函数为 $C(Q) = 1\,000 + 8Q$. 假如工厂有权制定价格,那么生产多少单位产品,才能使利润最大?

2. 设商品的需求函数为 $Q = 100 - 2P$(Q 为商品数量,P 为商品价格),求价格 $P = 10$,25 时的需求价格弹性,并解释所得结果的经济意义.

3. 设商品的需求函数为 $Q = 75 - P^2$(Q 为商品数量,P 为商品价格),试确定商品的价格和需求量,以使收益最大.

第五节 微分及其应用

前面介绍的函数的导数 $f'(x)$ 是函数增量与自变量增量比值的极限,它反映了函数 $y = f(x)$ 在点 x 处的变化率. 在实际工作中,经常需要我们计算函数 $y = f(x)$ 当自变量在某一点 x_0 处有一个微小增量 Δx 时,相应函数值的增量 Δy 的大小,但有时计算 Δy 非常困难,为此我们要找到一种既计算简单又精确度较高的计算 Δy 的方法,为了解决 Δy 的近似计算问题,我们引入函数微分的概念.

一、微分的概念

【金属薄片面积变化案例】

一块正方形金属薄片受温度变化的影响,其边长由原来的 x_0 变到 $x_0+\Delta x$,问此薄片面积改变了多少?

设正方形薄片的边长为 x,面积为 S,则 S 是 x 的函数,即 $S=x^2$,如图 2-10 所示.

当 x 在点 x_0 处取得增量 Δx 时,面积 S 的增量为

$$\Delta S=(x_0+\Delta x)^2-x_0^2=2x_0\Delta x+(\Delta x)^2,$$

即

$$\Delta S=2x_0\Delta x+(\Delta x)^2.$$

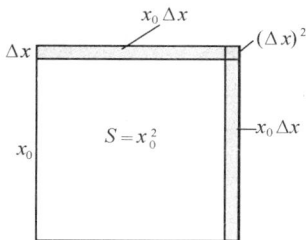

图 2-10

显见,上面的 ΔS 由两项组成,当 $\Delta x\to0$ 时,第一项 $2x_0\Delta x$ 是 Δx 的同阶无穷小,而第二项 $(\Delta x)^2$ 是较 Δx 高阶的无穷小,即当 $\Delta x\to0$ 时,第二项要比第一项更快地趋近于零. 如果略去第二项 $(\Delta x)^2$,取第一项 $2x_0\Delta x$ 作为 ΔS 的近似值,可得

$$\Delta S\approx2x_0\Delta x.$$

这时所产生的误差是很小的. 显然,若 $|\Delta x|$ 越小,近似程度就越好. 从图 2-10 可以看出,面积的增量 ΔS 是图中阴影部分的面积. ΔS 与 $2x_0\Delta x$ 的误差是小正方形的面积 $(\Delta x)^2$,是很小的.

我们把 $2x_0\Delta x$ 称为函数 $S=x^2$ 的在 x_0 处的微分,记为 $\mathrm{d}S$,即

$$\mathrm{d}S=2x_0\Delta x=S'\big|_{x=x_0}\cdot\Delta x,$$

即

$$\Delta S\approx\mathrm{d}S=2x_0\Delta x.$$

从本例我们得到,函数的增量近似等于函数的微分. 对于一般函数是否也有这样的结论呢? 下面进行讨论.

1. 微分的定义

定义 2.9　设函数 $y=f(x)$ 在点 x_0 处可导,且导数 $f'(x_0)$ 不等于零,则称 $f'(x_0)\cdot\Delta x$ 为函数 $y=f(x)$ 在点 x_0 处的微分,记为 $\mathrm{d}y$,即

$$\mathrm{d}y=f'(x_0)\cdot\Delta x,$$

故

$$\Delta y\approx\mathrm{d}y=f'(x_0)\cdot\Delta x.$$

由此可见,对于一般的可导函数来说,函数的增量近似等于函数的微分,函数的增量与微分仅相差 $\alpha\cdot\Delta x$,是一个比 Δx 高阶的无穷小.

特别地,若 $y=x$,则 $\mathrm{d}y=\mathrm{d}x=(x)'\cdot\Delta x=\Delta x$,即 $\mathrm{d}x=\Delta x$. 这就是说自变量的微分等于自变量的增量. 于是 $y=f(x)$ 在点 x 的微分可写成

$$\mathrm{d}y=f'(x)\mathrm{d}x.$$

若函数 $y=f(x)$ 在某区间 (a,b) 内每一点都可微,则称函数 $y=f(x)$ 在区间 (a,b) 内可微,这时函数 $y=f(x)$ 叫作区间 (a,b) 上的可微函数.

例 2.5.1 设函数 $y=x^2$.

(1) 求函数的微分;

(2) 求函数在 $x=2$ 处的微分;

(3) 求函数在 $x=2$ 处,当 $\Delta x=0.01$ 时的微分和增量.

解 (1) $\mathrm{d}y=f'(x)\cdot\mathrm{d}x=(x^2)'\cdot\mathrm{d}x=2x\cdot\mathrm{d}x$;

(2) $\mathrm{d}y\big|_{x=2}=2x\big|_{x=2}\cdot\mathrm{d}x=4\mathrm{d}x$;

(3) $\mathrm{d}y\big|_{\substack{x=2\\\Delta x=0.01}}=2x\cdot\Delta x\big|_{\substack{x=2\\\Delta x=0.01}}=2\times2\times0.01=0.04$.

$$\Delta y=(2+0.01)^2-2^2=0.040\ 1.$$

我们看出 $$\Delta y\big|_{\substack{x=2\\\Delta x=0.01}}\approx\mathrm{d}y\big|_{\substack{x=2\\\Delta x=0.01}}.$$

例 2.5.2 求 $y=\cos(4x+1)$ 的微分.

解 $\mathrm{d}y=[\cos(4x+1)]'\cdot\mathrm{d}x=-\sin(4x+1)\cdot4\mathrm{d}x$
$=-4\sin(4x+1)\mathrm{d}x.$

2. 微分的几何意义

在函数 $y=f(x)$ 的图形上(如图 2-11),当自变量 x 由 x_0 增加到 $x_0+\Delta x$ 时 $(M_0R=\Delta x)$,相应函数的增量 $\Delta y=f(x_0+\Delta x)-f(x_0)=RM$,而曲线 $y=f(x)$ 在点 $M_0(x_0,f(x_0))$ 处的切线 M_0T 的斜率 $f'(x_0)=\tan\alpha$.

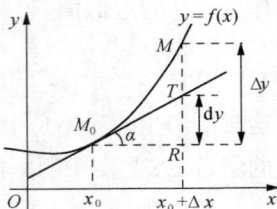

图 2-11

$$RT=M_0R\cdot\tan\alpha=\Delta x\cdot f'(x_0)=f'(x_0)\cdot\Delta x=\mathrm{d}y,$$

故 $$\mathrm{d}y=RT.$$

这就是说,函数 $y=f(x)$ 在点 x_0 处的微分是曲线 $y=f(x)$ 在点 $M_0(x_0,f(x_0))$ 处的切线纵坐标的增量. 这就是微分的几何意义.

二、用微分进行近似计算

函数 $y=f(x)$ 在点 $x=x_0$ 处的增量为 $\Delta y=f(x_0+\Delta x)-f(x_0)$,当 $|\Delta x|$ 很小时,有 $\Delta y\approx\mathrm{d}y=f'(x_0)\Delta x$,即

$$\Delta y=f(x_0+\Delta x)-f(x_0)\approx f'(x_0)\cdot\Delta x.$$

小贴士

在利用微分进行有关的近似计算时:

一是要有确定的函数 $y=f(x)$ 及 x_0 和 Δx 的值;

二是 $|\Delta x|$ 相对于 x_0 来说比较小,且 $\left|\dfrac{\Delta x}{x_0}\right|$ 越小,精确度越高.

经济数学(上册)

例 2.5.3　半径为 $10\ \text{cm}$ 的金属圆片加热后,半径伸长了 $0.05\ \text{cm}$,问圆片的面积约增加了多少?($\pi \approx 3.14$)

解　设圆的面积为 S,半径为 r,则确定的函数为

$$S = \pi r^2.$$

现在 $r_0 = 10$,$\Delta r = 0.05$,$S' = 2\pi r$,且 $|\Delta r|$ 相对于 r_0 是很小的,由公式

$$\Delta y \approx 2\pi r_0 \Delta r \bigg|_{\substack{r_0=10 \\ \Delta r=0.05}} = 2\pi \times 10 \times 0.05 \approx 3.14\ (\text{cm}^2),$$

即圆片的面积约增大了 3.14 平方厘米.

例 2.5.4　要在一个半径为 $10\ \text{cm}$ 的球的外侧镀上一层厚度为 $0.1\ \text{cm}$ 的铜,估计要用多少克的铜?(已知铜的密度为 8.9 克$/\text{cm}^3$,取 $\pi \approx 3.14$).

解　设球半径为 R,体积为 V,则球体的体积函数为 $V = \dfrac{4}{3}\pi R^3$,$V' = 4\pi R^2$,

$$\Delta V \approx \mathrm{d}V = V' \cdot \Delta R = 4\pi R^2 \cdot \Delta R,\text{而 } R_0 = 10,\ \Delta R = 0.1,$$

$$\Delta V \big|_{R_0=10,\Delta R=0.1} \approx 4\pi R_0^2 \cdot \Delta R \big|_{R_0=10,\Delta R=0.1} \approx 4 \times 3.14 \times 10^2 \times 0.1 = 125.6\ (\text{cm}^3).$$

镀层所需要的铜的重量约为 $125.6 \times 8.9 = 1\,117.84$(克).

习题 2.5

1. 求下列函数的微分:

(1) $y = x^2 \arctan x$;　　　　　　　(2) $y = x\sin 2x$;

(3) $y = \ln \sqrt{x^2 - 1}$;　　　　　　(4) $y = x^2 \mathrm{e}^{3x}$.

2. 边长为 20 厘米的金属立方体受热膨胀,当边长增加 2 毫米时,求立方体所增加的体积的近似值(精确到 1 立方厘米).

第六节　数学思想方法(二)——化归法

化归思想是数学的灵魂,它是数学中解决问题的一种非常重要的思想方法.

一、化归的思想

先来看一则有趣的故事:传说有人给一位数学家和一位物理学家同时出示了两个问题:

问题 1:已知有一把烧开水的水壶,它是空的;有一个自来水龙头;有一个煤气灶. 要烧一壶开水,应该怎么做?

问题 2:已知有一把烧开水的水壶,它已经盛有半壶自来水;有一个自来水龙头;有一个煤气灶. 要烧一壶开水,应该怎么做?

对于问题 1,数学家和物理学家的答案是一致的:接满一壶自来水,放在煤气灶上烧开

即可.

对于问题 2, 物理学家的方法与问题 1 类似, 把盛有半壶水的水壶接满自来水后放在煤气灶上烧开即可. 而数学家的方法却出人意料: 将半壶水倒掉, 则问题 2 转化为问题 1. 由于问题 1 已经解决, 所以问题 2 随之解决.

这个故事或许过于夸张, 但的确形象地说明了善于使用化归, 是数学家思维方式的重要特点. 关于此, 匈牙利数学家鲁沙·彼得 (Rozsa Peter) 在其名著《无穷的玩艺》中有如下的论述: "数学家往往不是对问题进行正面的攻击, 而是不断地将它变形, 直至把它转化为已经解决的问题."

简单的化归思想就是把不熟悉的问题转化成熟悉的问题的一种数学思想, 即把数学中待解决或未解决的问题, 通过观察、分析、联想、类比等思维过程, 并选择恰当的变换、转化, 归结到某个或某些已经解决或比较容易解决的问题上, 最终解决原始问题. 由此可见, 运用化归的方法可以使要解决的问题简单化、熟悉化、具体化. 这种思想现在已经渗透到数学学习的各个分支中, 特别是微积分中.

二、微分学中的化归方法

【应用实例 1——微分变元个数上的化归】

求函数 $y = e^{\tan\frac{2}{x}}$ 的导函数.

解 这是多重复合函数求导, 从最外层开始求导, 再乘以内函数的导数. 如果内函数仍然是复合函数, 继续使用复合函数的求导方法. 这样, 我们就将多重复合函数求导问题化归为连续多次使用复合函数求导方法.

$$y' = \left(e^{\tan\frac{2}{x}} \right)' = e^{\tan\frac{2}{x}} \left(\tan\frac{2}{x} \right)' = e^{\tan\frac{2}{x}} \sec^2\frac{2}{x} \left(\frac{2}{x} \right)' = -\frac{2}{x^2} e^{\tan\frac{2}{x}} \sec^2\frac{2}{x}.$$

实际上, 多元函数求偏导的问题也是化归为一元函数的求导问题. 求多元函数偏导数, 就是将一个未知元看成变量, 而将其他的变元看成常量而进行, 对变量求导数就是对多元函数求偏导数.

【应用实例 2——微分中的阶数上的化归】

求 $y = \ln x$ 的 n 阶导函数.

说明: 导数概念首先定义了一阶导数, 而后在一阶导数的基础上再定义高阶导数, 这说明高阶导数的计算问题可化归为一阶导数的求导问题. 公式 $f^{(n)}(x) = (f^{(n-1)}(x))'$ 充分说明了这一问题的转化.

解 因为 $(\ln x)' = \frac{1}{x} = x^{-1}$, 于是 $(\ln x)'' = (x^{-1})' = -x^{-2}$, $(\ln x)''' = (-x^{-2})' = 2x^{-3}$, $(\ln x)^{(4)} = (2x^{-3})' = -3 \times 2x^{-4}$, $\cdots$, 以此类推, 就可以推导出它的一般规律如下:

$$(\ln x)^{(n)} = (-1)^{n-1}(n-1)(n-2)\cdots 3 \times 2 x^{-n} = (-1)^{n-1} \frac{(n-1)!}{x^n}.$$

复习题二

一、填空题

1. 设 $f(x)$ 在 x_0 处可导,且 $f'(x)=A$,则 $\lim\limits_{h\to0}\dfrac{f(x_0+2h)-f(x_0-3h)}{h}$ 用 A 的代数式表示为_____.

2. 设 $y=x^e+e^x+\ln x+e^e$,则 $y'=$_____.

3. 设 $f(x)=x\arccos x-\sqrt{1-x^2}$,则 $f'(0)=$_____.

4. 设曲线 $y=x^2+x-2$ 在点 P 处的切线的斜率等于 3,则 P 点的坐标为_____.

5. $y=\sin(e^x+1)$,$\mathrm{d}y=$_____.

6. 设 $y=x^n+e$,则 $y^{(n)}=$_____.

7. 函数 $f(x)=\sqrt{5-4x}$ 在区间 $[-1,1]$ 上的最大值为_____,最小值为_____.

二、单项选择题

1. 设 $f(x)=\begin{cases}x^2+1 & -1<x\leqslant0 \\ 1 & 0<x\leqslant2\end{cases}$,则 $f(x)$ 在点 $x=0$ 处（　　）.

    A. 可导　　　　B. 连续但不可导　C. 不连续　　　D. 无定义

2. 设 $y=e^x+e^{-x}$,则 $y''=$（　　）.

    A. e^x+e^{-x}　　B. e^x-e^{-x}　　C. $-e^x-e^{-x}$　　D. $-e^x+e^{-x}$

3. 已知函数 $y=\ln x^2$,则 $\mathrm{d}y=$（　　）.

    A. $\dfrac{2}{x}\mathrm{d}x$　　　B. $\dfrac{2}{x}$　　　C. $\dfrac{1}{x^2}$　　　D. $\dfrac{1}{x^2}\mathrm{d}x$

4. 下列函数在区间 $[-1,1]$ 上满足拉格朗日中值定理条件的是（　　）.

    A. $y=1-\sqrt[3]{x^2}$　　　　　　B. $y=(x+1)(x-1)$

    C. $y=\dfrac{1}{x}$　　　　　　　　D. $y=\dfrac{1}{x-1}$

5. 函数 $y=x\ln x$ 在区间（　　）.

    A. $(0,+\infty)$ 内单调减　　　　　B. $(0,+\infty)$ 内单调增

    C. $\left(0,\dfrac{1}{e}\right)$ 内单调减　　　　　D. $\left(\dfrac{1}{e},+\infty\right)$ 内单调减

6. 设曲线 $y=3x-x^3$,则其拐点坐标为（　　）.

    A. 0　　　　　B. $(0,1)$　　　C. $(0,0)$　　　D. 1

三、计算题

1. 求下列函数的导数:

(1) $y=10^x+x^{10}+\lg x+10^{10}$;　　　　(2) $y=\dfrac{1-x^3}{\sqrt{x}}$;

(3) $y=\sqrt{x\sqrt{x\sqrt{x}}}$;　　　　　　　(4) $y=\sqrt{1+\ln^2 x}$;

(5) $y = x^2 \sin \dfrac{1}{x}$;

(6) $y = \left(\arcsin \dfrac{x}{2} \right)^2$.

2. 用洛必达法则求下列极限：

(1) $\lim\limits_{x \to 0} \dfrac{e^x - e^{-x}}{\sin x}$;

(2) $\lim\limits_{x \to 1} \dfrac{x^3 - 1 + \ln x}{e^x - e}$;

(3) $\lim\limits_{x \to 0} \dfrac{\tan x - x}{x - \sin x}$;

(4) $\lim\limits_{x \to 1} \left(\dfrac{x}{x - 1} - \dfrac{1}{\ln x} \right)$.

3. 求下列函数的微分：

(1) $y = \left(\dfrac{1}{3} \right)^{4x} + (4x)^{\frac{1}{3}}$;

(2) $y = \ln \dfrac{1}{x} + \cos \dfrac{1}{x}$;

(3) $y = e^{1-3x} \cos x$;

(4) $y = \sqrt{1 + \sin^2 x}$.

4. 求函数 $f(x) = (x-4) \sqrt[3]{(x+1)^2}$ 的极值.

5. 求 $y = 2x^3 + 3x^2 - 12x + 14$ 在 $[-3, 4]$ 上的最大值与最小值.

6. 设 $f(x) = x^3 + ax^2 + bx$ 在 $x = 1$ 处有极值 -2，试确定系数 a, b，并求出 $y = f(x)$ 的极值点和拐点.

第三章　多元函数微分学及其应用

学习目标

- 理解多元函数的概念.
- 掌握多元函数偏导数的求法.
- 了解全微分的概念及其计算.
- 掌握隐函数求偏导的方法.
- 了解约束优化模型,会用约束优化模型来分析经济现象.

多元函数微分学是一元函数微分学的推广,在内容上它们有很多类似之处,但也有区别. 在学习本章内容时,既要注意它们的类似之处,又要注意它们的区别. 我们以讨论二元函数为主,因为从一元函数到二元函数会产生新的问题,而从二元函数到二元以上的多元函数则可以类推,使我们对"类比法"这一数学思想方法加以了解.

【交叉弹性案例】

在上一章中我们学习了边际与弹性概念,它们分别表示经济函数在一点的变化率与相对变化率. 将边际与弹性概念推广到多元函数微分学中并赋予经济含义,如某商品销售 Q_A 是它的价格 P_A 及其他商品价格 P_B 的函数 $Q_A = f(P_A, P_B)$,称 $\dfrac{\partial Q_A}{\partial P_B} \cdot \dfrac{P_B}{Q_A}$ 为 Q_A 对 P_B 的交叉弹性.

交叉弹性反映了两种商品间的相关性. 当交叉弹性大于零时,两种商品互为替代品;当交叉弹性小于零时,两种商品为互补品;当交叉弹性等于零时,两种商品为相互独立商品.

交叉弹性定义:设函数 $z = f(x, y)$ 在点 (x, y) 处偏导数存在,函数对 x 的相对改变量 $\dfrac{\Delta_x z}{z} = \dfrac{f(x+\Delta x, y) - f(x, y)}{f(x, y)}$ 与自变量 x 的相对改变量 $\dfrac{\Delta x}{x}$ 之比 $\dfrac{\dfrac{\Delta_x z}{z}}{\dfrac{\Delta x}{x}}$ 称为函数 $f(x, y)$ 对从

x 到 $x + \Delta x$ 两点间的弹性. 当 $\Delta x \to 0$ 时,$\dfrac{\dfrac{\Delta_x z}{z}}{\dfrac{\Delta x}{x}}$ 的极限值称为函数 $f(x, y)$ 在点 (x, y) 处对 x

的弹性,记作 η_x 或 $\dfrac{E_z}{E_x}$,即 $\eta_x = \dfrac{E_z}{E_x} = \lim\limits_{\Delta x \to 0} \dfrac{\Delta_x z}{z} \cdot \dfrac{x}{\Delta x} = \dfrac{\partial z}{\partial x} \cdot \dfrac{x}{z}$.

类似可以定义函数 $f(x, y)$ 在点 (x, y) 处对 y 的弹性为 $\eta_y = \dfrac{E_z}{E_y} = \lim\limits_{\Delta y \to 0} \dfrac{\Delta_y z}{z} \cdot \dfrac{y}{\Delta y} = \dfrac{\partial z}{\partial y} \cdot \dfrac{y}{z}$.

特别地，如果 $z=f(x,y)$ 中 z 表示需求量，x 表示价格，y 表示消费者收入，则 η_x 表示需求对价格的弹性，η_y 表示需求对收入的弹性.

第一节 多元函数的概念

一、多元函数的定义

一元函数研究一个自变量对因变量的影响，但在许多实际问题中，往往要研究多个自变量对因变量的影响. 例如，矩形的长和宽分别为 x,y 时的矩形面积为 $S=xy$. 当 x,y 变化时，S 相应发生改变.

定义 3.1 若对于变量 x,y 在其可能取值的某一范围 D 内的每一组值 (x,y)，依照某一对应法则 f，变量 z 都有确定的值与之相对应，则称变量 z 为变量 x,y 的**二元函数**，记为 $z=f(x,y)$，其中 x,y 称为**自变量**，D 称为二元函数的**定义域**.

> **小贴士** 二元函数的定义域是使得函数 $f(x,y)$ 在实数范围内有定义的自变量的取值范围，求二元函数定义域的方法与一元函数相仿.

类似地，可以定义三元函数 $u=f(x,y,z)$ 以及三元以上的函数. 把二元及二元以上的函数统称为**多元函数**.

例 3.1.1 求函数 $z=\dfrac{1}{\sqrt{x}}\ln(x+y)$ 的定义域.

解 由于分式的分母不能为零，开偶次方根时根号下的表达式不小于零，因此，应有 $x>0$，而 $\ln(x+y)$ 中真数必须大于零，即 $x+y>0$，因此，所给函数的定义域为 $\begin{cases} x>0 \\ x+y>0 \end{cases}$，区域如图 3-1 所示.

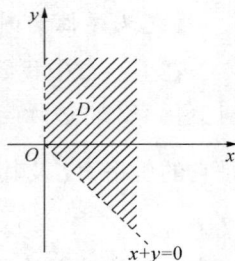

例 3.1.2 求函数 $z=\sqrt{9-x^2-y^2}+\dfrac{1}{\sqrt{x^2+y^2-1}}$ 的定义域.

图 3-1

解 函数的定义域为 $\begin{cases} 9-x^2-y^2\geqslant0 \\ x^2+y^2-1>0 \end{cases}$，即 $\begin{cases} x^2+y^2\leqslant9 \\ x^2+y^2>1 \end{cases}$.

综上有 $1<x^2+y^2\leqslant9$，表示圆 $x^2+y^2=1$ 的外侧（不包括圆周）和圆 $x^2+y^2=9$ 的内侧（包括圆周）内的所有点. 区域如图 3-2 所示.

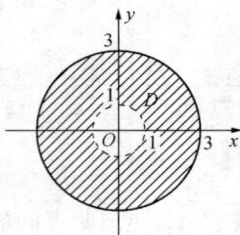

二、二元函数的极限

定义 3.2 设函数 $z=f(x,y)$ 在点 $P_0(x_0,y_0)$ 的某一去心邻域内有定义，$P(x,y)$ 为该邻域内任意一点，当 $P(x,y)$ 以任意方式趋于 $P_0(x_0,y_0)$ 时，函数 $f(x,y)$ 的值都趋于一个确定的常数 A，则称 A 是函数 $z=f(x,y)$ 当 $P(x,y)$ 趋于点 $P_0(x_0,y_0)$ 时的**极限**，记作

图 3-2

$$\lim_{\substack{x \to x_0 \\ y \to y_0}} f(x,y)=A \text{ 或 } \lim_{(x,y) \to (x_0,y_0)} f(x,y)=A \text{ 或 } \lim_{P \to P_0} f(x,y)=A.$$

小贴士

在二元函数的极限中,点 $P(x,y)$ 必须以任意方式趋于点 $P_0(x_0,y_0)$,即点 $P(x,y)$ 从任何路径趋于点 $P_0(x_0,y_0)$ 时,函数 $f(x,y)$ 都趋于常数 A,如果点 $P(x,y)$ 以不同的路径趋于点 $P_0(x_0,y_0)$ 时,函数 $f(x,y)$ 趋于不同的常数,那么说明函数 $f(x,y)$ 在 $P_0(x_0,y_0)$ 处的极限不存在.

例 3.1.3　讨论极限 $\lim\limits_{\substack{x \to 0 \\ y \to 0}} \dfrac{xy}{x^2+y^2}$ 是否存在.

解　当点 $P(x,y)$ 沿直线 $y=kx$(这样的直线有无数条)趋于点 $(0,0)$ 时,

$$\lim_{\substack{x \to 0 \\ y \to 0}} \frac{xy}{x^2+y^2}=\lim_{x \to 0} \frac{kx^2}{x^2+k^2x^2}=\frac{k}{1+k^2}.$$

说明当点 $P(x,y)$ 沿不同的经过原点的直线(k 的取值不同)趋于点 $(0,0)$ 时,函数 $\dfrac{xy}{x^2+y^2}$ 趋于不同的值,所以极限 $\lim\limits_{\substack{x \to 0 \\ y \to 0}} \dfrac{xy}{x^2+y^2}$ 不存在.

三、二元函数的连续

定义 3.3　设函数 $z=f(x,y)$ 在点 $P_0(x_0,y_0)$ 的某一邻域内有定义,当该邻域内的点 $P(x,y)$ 以任意方式趋于点 $P_0(x_0,y_0)$ 时,函数 $z=f(x,y)$ 的极限存在,且等于该函数在点 $P_0(x_0,y_0)$ 处的函数值,即 $\lim\limits_{\substack{x \to x_0 \\ y \to y_0}} f(x,y)=f(x_0,y_0)$,则称函数 $z=f(x,y)$ 在点 $P_0(x_0,y_0)$ 处**连续**. 如果函数 $z=f(x,y)$ 在区域 D 内的每一点都连续,则称函数 $z=f(x,y)$ 在区域 D 内连续.

习题 3.1

1. 求下列函数的定义域,并作出区域的图形:

(1) $z=\ln(x+y)$;　　　　　　　　　(2) $z=\sqrt{4-x^2}+\sqrt{y^2-4}$.

2. 如果 $f(x,y)=xy+y^2$,求 $f\left(\dfrac{1}{2},3\right)$,$f(1,-1)$.

3. $\lim\limits_{\substack{x \to 2 \\ y \to 0}} \dfrac{\sin(xy)}{y}=$ _____ ; $\lim\limits_{\substack{x \to 2 \\ y \to 0}} \dfrac{2-\sqrt{x^2+y^2+4}}{x^2+y^2}=$ _____ .

4. 设 $f(x+y,x-y)=xy+y^2$,求 $f(x,y)$.

第二节　偏导数与全微分

一元函数的导数是研究函数的变化率,即因变量随自变量变化而变化的快慢程度,反映

的是自变量变化一个单位时,相应的因变量跟着变化多少个单位.类推到多元函数,我们也可以考虑因变量随一个自变量变化而变化的快慢程度,当然这有一个基本前提,保持其他自变量不变,否则根本不知道因变量的变化分别是哪个自变量变化引起的.

一、偏导数

定义 3.4 设函数 $z=f(x,y)$ 在点 $P_0(x_0,y_0)$ 的某个邻域 D 内有定义,点 $P(x_0+\Delta x,y_0)$ 也为 D 内的一点,如果极限

$$\lim_{\Delta x \to 0}\frac{\Delta z_x}{\Delta x}=\lim_{\Delta x \to 0}\frac{f(x_0+\Delta x,y_0)-f(x_0,y_0)}{\Delta x}$$

存在,则称此极限值为函数 $z=f(x,y)$ 在点 $P_0(x_0,y_0)$ 处**对 x 的偏导数**,记为

$$\frac{\partial z}{\partial x}\Big|_{\substack{x=x_0\\y=y_0}} \quad 或 \quad \frac{\partial f}{\partial x}\Big|_{\substack{x=x_0\\y=y_0}} \quad 或 \quad z'_x(x_0,y_0) 或 f'_x(x_0,y_0).$$

类似地,若点 $P(x_0,y_0+\Delta y)$ 也为 D 内的一点,如果极限

$$\lim_{\Delta y \to 0}\frac{\Delta z_y}{\Delta y}=\lim_{\Delta y \to 0}\frac{f(x_0,y_0+\Delta y)-f(x_0,y_0)}{\Delta y}$$

存在,则称此极限值为函数 $z=f(x,y)$ 在点 $P_0(x_0,y_0)$ 处**对 y 的偏导数**,记为

$$\frac{\partial z}{\partial y}\Big|_{\substack{x=x_0\\y=y_0}} 或 \frac{\partial f}{\partial y}\Big|_{\substack{x=x_0\\y=y_0}} \quad 或 \quad z'_y(x_0,y_0) 或 f'_y(x_0,y_0).$$

如果函数 $z=f(x,y)$ 在区域 D 内的每一点均可导时,称 $f(x,y)$ 在区域 D 上可导,此时,对应于 D 内的每一点 (x,y),函数 $z=f(x,y)$ 必有偏导数 $f'_x(x,y)$ 和 $f'_y(x,y)$,其值随点 (x,y) 的确定而确定,因此,它们是 x,y 的二元函数,分别称为 $f(x,y)$ 对 x 和对 y 的偏导函数,简称为偏导数,并记为

$$\frac{\partial z}{\partial x},\frac{\partial f}{\partial x},z'_x,f'_x(x,y);\frac{\partial z}{\partial y},\frac{\partial f}{\partial y},z'_y,f'_y(x,y).$$

此时 $f'_x(x,y)=\lim_{\Delta x \to 0}\frac{f(x+\Delta x,y)-f(x,y)}{\Delta x}$;

$f'_y(x,y)=\lim_{\Delta y \to 0}\frac{f(x,y+\Delta y)-f(x,y)}{\Delta y}.$

小贴士

由偏导数的定义可以看出,如果要求函数 $z=f(x,y)$ 对 x 的偏导数 $\frac{\partial z}{\partial x}$,只需将 y 看成常数,用一元函数的求导公式和求导法则对 x 求导即可;同样要求函数 $z=f(x,y)$ 对 y 的偏导数 $\frac{\partial z}{\partial y}$,只需将 x 看成常数,用一元函数的求导公式和求导法则对 y 求导即可.所以求二元函数的偏导数不需要新的求导方法,实质上化归为一元函数求导.

扫一扫可见微课
"偏导数"

例 3.2.1 已知 $z=x^3+2x^2y^2+\mathrm{e}^xy-4y^4$，求 $\dfrac{\partial z}{\partial x},\dfrac{\partial z}{\partial y}$.

解 把 y 看作常数，得 $\dfrac{\partial z}{\partial x}=3x^2+4xy^2+\mathrm{e}^xy$.

把 x 看作常数，得 $\dfrac{\partial z}{\partial y}=4x^2y+\mathrm{e}^x-16y^3$.

例 3.2.2 已知 $z=xy^x$，求 $\dfrac{\partial z}{\partial x},\dfrac{\partial z}{\partial y}$.

解 把 y 看作常数，得 $\dfrac{\partial z}{\partial x}=y^x+xy^x\ln y$.

把 x 看作常数，得 $\dfrac{\partial z}{\partial y}=x^2y^{x-1}$.

例 3.2.3 设 $f(x,y)=\mathrm{e}^{-x}\sin(x+2y)$，求 $f'_x\left(0,\dfrac{\pi}{4}\right),f'_y\left(0,\dfrac{\pi}{4}\right)$.

解 $f'_x(x,y)=-\mathrm{e}^{-x}\sin(x+2y)+\mathrm{e}^{-x}\cos(x+2y)$；

$f'_y(x,y)=2\mathrm{e}^{-x}\cos(x+2y)$.

把 $x=0,y=\dfrac{\pi}{4}$ 代入到偏导数式中得：

$$f'_x\left(0,\frac{\pi}{4}\right)=-\sin\frac{\pi}{2}+\cos\frac{\pi}{2}=-1;f'_y\left(0,\frac{\pi}{4}\right)=2\cos\frac{\pi}{2}=0.$$

二、全微分

对于一元函数 $y=f(x)$，如果它在点 x_0 处的增量 Δy 可以表示为

$$\Delta y=f(x_0+\Delta x)-f(x_0)=A\Delta x+o(\Delta x),$$

其中 A 不依赖于 Δx，仅与 x_0 有关，$o(\Delta x)$ 是 Δx 的高阶无穷小量（$\Delta x\to0$），则称函数在点 x_0 处可微，称 $\mathrm{d}y=A\Delta x$ 为函数在点 x_0 处的微分，此时有 $A=f'(x_0)$. 与一元函数类似，二元函数也有可微的概念.

定义 3.5 设函数 $z=f(x,y)$ 在点 (x_0,y_0) 的某个邻域 D 内有定义，$P(x_0+\Delta x,y_0+\Delta y)$ 为该邻域内的任意一点，$\Delta z=f(x_0+\Delta x,y_0+\Delta y)-f(x_0,y_0)$.

若全增量 Δz 可表示为：$\Delta z=A\Delta x+B\Delta y+o(\rho)$，其中 A,B 与 $\Delta x,\Delta y$ 无关，仅与 x_0,y_0 有关，$\rho=\sqrt{(\Delta x)^2+(\Delta y)^2}$，$o(\rho)$ 是 ρ 的高阶无穷小量，则称 $A\Delta x+B\Delta y$ 为 $f(x,y)$ 在点 (x_0,y_0) 处的全微分，记为 $\mathrm{d}z\big|_{\substack{x=x_0\\y=y_0}}$ 或 $\mathrm{d}f(x_0,y_0)$.

如果函数 $z=f(x,y)$ 在区域 D 内的每一点 (x,y) 都可微，则称 $f(x,y)$ 在区域 D 内可微.

定理 3.1（全微分存在的充分条件） 如果 $z=f(x,y)$ 在点 $P(x,y)$ 的两个偏导数 $f'_x(x,y),f'_y(x,y)$ 为连续的函数，则 $z=f(x,y)$ 在点 $P(x,y)$ 处可微，且

$$\mathrm{d}z=\frac{\partial z}{\partial x}\mathrm{d}x+\frac{\partial z}{\partial y}\mathrm{d}y=f'_x(x,y)\mathrm{d}x+f'_y(x,y)\mathrm{d}y.$$

全微分 $\mathrm{d}z=\dfrac{\partial z}{\partial x}\mathrm{d}x+\dfrac{\partial z}{\partial y}\mathrm{d}y$，所以多元函数全微分的计算，实际上就是计算偏导数.

例 3.2.4 求函数 $z=x^2y^2$ 在点 $(2,-1)$ 处，当 $\Delta x=0.02$，$\Delta y=-0.01$ 时的全增量与全微分.

解 由定义知，全增量为：

$$\Delta z=(2+0.02)^2(-1-0.01)^2-2^2\cdot(-1)^2=0.162\ 4$$

$$\frac{\partial z}{\partial x}=2xy^2,\quad \frac{\partial z}{\partial y}=2x^2y,$$

所以

$$\left.\frac{\partial z}{\partial x}\right|_{\substack{x=2\\y=-1}}=4,\left.\frac{\partial z}{\partial y}\right|_{\substack{x=2\\y=-1}}=-8.$$

因此，$\mathrm{d}z=4\times0.02+(-8)\times(-0.01)=0.16.$ 可见，全增量与全微分很接近.

例 3.2.5 求 $z=\mathrm{e}^x\sin(x+y)$ 的全微分.

解

$$\frac{\partial z}{\partial x}=\mathrm{e}^x\sin(x+y)+\mathrm{e}^x\cos(x+y)\ ,$$

$$\frac{\partial z}{\partial y}=\mathrm{e}^x\cos(x+y).$$

因此，$\mathrm{d}z=\dfrac{\partial z}{\partial x}\mathrm{d}x+\dfrac{\partial z}{\partial y}\mathrm{d}y=[\mathrm{e}^x\sin(x+y)+\mathrm{e}^x\cos(x+y)]\mathrm{d}x+\mathrm{e}^x\cos(x+y)\mathrm{d}y.$

习题 3.2

1. 求下列各函数的偏导数：

(1) $z=\dfrac{x+y}{x-y}$；

(2) $z=\left(\dfrac{1}{3}\right)^{\frac{y}{x}}$；

(3) $z=\sin(xy)\tan\dfrac{y}{x}$；

(4) $z=\arctan\dfrac{x+y}{1-xy}$.

2. 求下列各函数的二阶偏导数：

(1) $z=x\ln(xy)$；

(2) $z=x\mathrm{e}^x\sin y$.

3. 求下列函数的全微分：

(1) $z=xy+\dfrac{x}{y}$；

(2) $z=\mathrm{e}^{\frac{y}{x}}$；

(3) $z=\mathrm{e}^{x+y}\sin x\cos y$；

(4) $z=\arcsin\dfrac{x}{y}$.

第三节 约束优化模型及其在经济分析中的应用

一、约束优化模型

【约束优化模型案例】

例 3.3.1 要做一个长、宽、高分别为 x,y,z 的有盖水箱,使得表面积为 a^2,问怎样选取长、宽、高,才能使得体积 V 最大?

问题就是求函数

$$f(x,y,z)=xyz$$

在约束条件 $2xy+2yz+2xz=a^2$ 之下的最大值.

解决这类问题的基本思想是将条件极值转化为无条件极值来处理.下面介绍一种有效的求解条件极值问题的方法——Lagrange 乘数法.

求函数 $f(x,y,z)$ 在约束条件 $\phi(x,y,z)=0$ 下的极值,先构造拉格朗日函数

$$L(x,y,z,\lambda)=f(x,y,z)+\lambda\phi(x,y,z),$$

其中 λ 也是自变量.

求解方程组

$$\begin{cases} L'_x=f'_x(x,y,z)+\lambda\phi'_x(x,y,z)=0 \\ L'_y=f'_y(x,y,z)+\lambda\phi'_y(x,y,z)=0 \\ L'_z=f'_z(x,y,z)+\lambda\phi'_z(x,y,z)=0 \\ \phi(x,y,z)=0 \end{cases},$$

得出的解 x,y,z,λ 为函数 $u=f(x,y,z)$ 在条件 $\phi(x,y,z)=0$ 下可能取得极值的点的坐标.

> **小贴士**
>
> 上述辅助函数 $L(x,y,z,\lambda)$ 称为 **Lagrange 函数**,参数 λ 称为 **Lagrange 乘数**,上述方法称为 **Lagrange 乘数法**,它是解决许多实际问题的有效方法. **Lagrange 乘数法** 是将约束优化模型的求解划归为无约束优化模型来求解的,无约束优化模型的最优解既能满足原来约束优化模型的约束条件,也能使得原来的目标函数取得最优解.

关于本节约束优化模型案例,可建立如下 Lagrange 函数

$$F(x,y,z,\lambda)=xyz+\lambda(2xy+2yz+2xz-a^2),$$

则

$$F'_x=yz+2\lambda(y+z), F'_y=xz+2\lambda(x+z), F'_z=xy+2\lambda(y+x),$$

解方程组

$$\begin{cases} yz+2\lambda(y+z)=0 \\ xz+2\lambda(x+z)=0 \\ xy+2\lambda(y+x)=0 \\ 2xy+2yz+2xz=a^2 \end{cases},$$

得

$$x=y=z=\frac{\sqrt{6}}{6}a.$$

这是唯一可能的极值点,因为由问题本身可知最大值一定存在,所以最大值就在这个极值点处取得,也就是说,在表面积为 a^2 的长方体中,以棱长为 $\frac{\sqrt{6}}{6}a$ 的正方体的体积为最大,此时最大体积为 $V=\frac{\sqrt{6}}{36}a^3$.

二、经济分析中的应用

约束优化模型在经济分析中有广泛的应用,现代经济学初级教程中,基本上可以用约束优化模型这个统一的分析范式来解决经济抉择问题.下面我们以消费者行为最优为例,来阐述在经济分析中如何建立约束优化模型的.

例 3.3.2 假设消费者消费两种商品 X_1 和 X_2 的产生的效用为 $U(X_1,X_2)$,消费者的总收入 I,两种商品的价格分别是 P_1 和 P_2,则可建立如下约束优化模型来求解消费者均衡条件

$$\max U(X_1,X_2),$$
$$\text{st. } P_1X_1+P_2X_2=I,$$

构造拉格朗日函数
$$L=U(X_1,X_2)+\lambda(I-P_1X_1-P_2X_2),$$
$$MU_1=\lambda P_1,$$
$$MU_2=\lambda P_2,$$

由此,得到消费者均衡条件为

$$\frac{MU_1}{P_1}=\frac{MU_2}{P_2}=\lambda.$$

也就是说,消费者的最优选择应该是使自己花费在各种商品上的最后一元钱所带来的边际效用相等,且等于货币的边际的效用.

边际替代率:在维持效用水平不变的前提下,消费者增加一单位某种商品的消费时所需要放弃的另一种商品的消费数量,称为商品的边际替代率.商品 1 对商品 2 的边际替代率定义为

$$MRS_{12}=-\lim_{\Delta x_1 \to 0}\frac{\Delta X_2}{\Delta X_1}=-\frac{\mathrm{d}X_2}{\mathrm{d}X_1}.$$

$$\mathrm{d}U(X_1,X_2)=MU_1\,\mathrm{d}X_1+MU_2\,\mathrm{d}X_2=0,$$

所以
$$MRS_{12}=-\frac{\mathrm{d}X_2}{\mathrm{d}X_1}=\frac{MU_1}{MU_2}=\frac{P_1}{P_2}=\lambda.$$

如此,又得到消费者均衡的另一种解释:在一定的预算约束下,为了实现效用最大化,消

经济数学(上册)

072

费者应该选择最优的商品组合,使得两种商品的边际替代率等于两种商品价格之比. 换句话说,在消费者均衡点上,消费者愿意用一单位的某种商品去交换的另一种商品的数量,应该等于该消费者能够在市场上按市场价格用一单位的这种商品去交换得到的另一种商品的数量.

例 3.3.3 已知某消费者每年用于商品 1 和商品 2 的总预算为 540 元,两商品的价格分别为 20 元和 30 元,该消费者的效用函数为 $U=3X_1X_2^2$,该消费者每年购买这两种商品的数量各是多少?

解
$$MU_1=\frac{\partial U}{\partial X_1}=3X_2^2,$$

$$MU_2=\frac{\partial U}{\partial X_2}=6X_1X_2,$$

根据消费者均衡条件 $\dfrac{3X_2^2}{6X_1X_2}=\dfrac{20}{30}$,

整理得 $X_2=\dfrac{4}{3}X_1$,

代入预算约束 $20X_1+30X_2=540$,

解得 $X_1=9,X_2=12$,

即消费者每年购买两种商品的数量分别为 9 和 12.

例 3.3.4 假定某消费者的效用函数为 $U=Q^{0.5}+3M$,其中,Q 为商品的消费量,M 为收入. 求:

(1) 该消费者的需求函数;

(2) 当 $Q=4$,价格 $P=\dfrac{1}{12}$ 时的消费剩余.

解 (1) 商品的边际效用 $MU=0.5Q^{-0.5}$,

货币的边际效用 $\lambda=3$,

根据消费者均衡条件 $\dfrac{0.5Q^{-0.5}}{P}=3$,

整理得需求函数为 $Q=\dfrac{1}{36P^2}$.

(2) $P=\dfrac{1}{6\sqrt{Q}}$,

消费者剩余

$$\text{CS}=\int_0^4\left(\frac{1}{6\sqrt{Q}}-\frac{1}{12}\right)\mathrm{d}Q=\frac{1}{3}.$$

例 3.3.5 某公司为销售产品做两种方式的广告宣传. 当两种方式的宣传费分别为 x,y 时,销售量为 $S=\dfrac{200x}{5+x}+\dfrac{100y}{10+y}$. 若销售产品所得利润是销量的 $\dfrac{1}{5}$ 减去广告费. 现要使用广告费 25 万元,问应如何选择两种广告形式,才能使得广告产生的利润最大?最大利润是多少?

解 这是广告费最优投入问题. 依题意,利润函数为

$$f(x,y)=\frac{1}{5}S-25=\frac{40x}{5+x}+\frac{20y}{10+y}-25.$$

约束条件为

$$x+y=25.$$

引入 Lagrange 函数

$$L(x,y,\lambda)=\frac{40x}{5+x}+\frac{20y}{10+y}-25+\lambda(x+y-25),$$

由方程组

$$\begin{cases} L'_x=\dfrac{200}{(5+x)^2}+\lambda=0 \\[2mm] L'_y=\dfrac{200}{(10+y)^2}+\lambda=0, \\[2mm] x+y=25 \end{cases}$$

解得 $x=15,y=10,\lambda=-\dfrac{1}{2}$.

由问题的实际意义知，存在最大利润，且驻点唯一，故当两种广告分别投入 15 万元和 10 万元时，广告产生的利润最大，最大利润为 $f(15,10)=15$（万元）.

习题 3.3

1. 经济学中著名的 Cobb - Douglas 生产函数模型为

$$f(x,y)=Cx^\alpha y^{1-\alpha},$$

其中 x 表示劳动力数量，y 表示资本数量，C 与 $\alpha(0<\alpha<1)$ 是常数，由不同的企业的具体情形决定，函数值表示生产量. 已知某生产商的 Cobb - Douglas 生产函数为

$$f(x,y)=100x^{\frac{3}{4}}y^{\frac{1}{4}},$$

其中每个劳动力与每单位资本的成本分别为 150 元和 250 元，该生产商的总预计投入是 50 000 元，问他该如何分配这笔钱用于雇佣劳动力及投入资本，以使生产量最高.

2. 设某工厂生产甲、乙两种产品，产量分别为 x 和 y（单位：千件），利润函数为

$$L(x,y)=6x-x^2+16y-4y^2-2（单位：万元）.$$

已知生产两种产品时，每千件产品均需消耗某种原料 2 000 kg. 现有该原料 12 000 kg，问两种产品各生产多少千件时，总利润最大？最大利润为多少？

3. 某工厂生产两种产品Ⅰ与Ⅱ，出售的单价分别为 10 元与 9 元，生产 x 单位的产品Ⅰ与生产 y 单位的产品Ⅱ的总费用是 $400+2x+3y+0.01(3x^2+xy+3y^2)$（元），求取得最大利润时，两种产品的产量各是多少？

第四节　数学思想方法(三)——类比法

一、数学思维——类比法

类比法也叫"比较类推法",是指由一类事物所具有的某种属性,可以推测与其类似的事物也应具有这种属性的推理方法. 类比法属平行式思维的方法,类比对象间共有的属性越多,则类比结论的可靠性越大.

数学家、天文学家开普勒曾经说过:"我珍惜类比胜过任何别的东西,它是我最信赖的老师,它能揭示自然界的秘密,在几何学中它是最不容忽视的."德国古典哲学家康德也说:"每当理智缺乏可靠论证的思想时,类比这个方法往往能指引我们前进."

二、类比法在数学上的应用

类比法是解决数学问题的一种有力工具,它在数学中给出相关结论时起着非常重要的作用. 它是数学研究中最基本的创新思维形式,历史上的很多数学结论都是应用这种方法建立的.

例 3.4.1 (1) 在学习常微分方程部分时,我们了解了一个重要结论:一阶线性非齐次微分方程的通解是其对应的齐次微分方程通解与该非齐次微分方程的一个特解之和. 根据类比,我们就可以类似地得出,二阶线性非齐次微分方程的通解是其对应的齐次微分方程通解加该非齐次微分方程的一个特解. 并且,如果进一步学习线性代数内容时,我们还会接触到这样的结论:线性非齐次方程组的通解是其对应的齐次方程通解加该非齐次方程组的一个特解. 它们都是可以通过类比法得出的.

(2) 在学习平面解析几何时,我们学会了平面上两点间的距离公式.

设平面两点 $A(x_1, y_1)$,$B(x_2, y_2)$,则 A,B 两点之间的距离为

$$d = \sqrt{(x_2 - x_1)^2 + (y_2 - y_1)^2},$$

那我们也可以通过类比得出空间两点间的距离公式.

再设空间两点 $A(x_1, y_1, z_1)$,$B(x_2, y_2, z_2)$,则 A,B 两点之间的距离为

$$d = \sqrt{(x_2 - x_1)^2 + (y_2 - y_1)^2 + (z_2 - z_1)^2}.$$

以上的类比只是将空间与平面的坐标进行类比,加上了含竖坐标 z 的一项,这次的类比是正确的.

例 3.4.2 求下列函数的极限:

(1) $\lim\limits_{x \to 0} \dfrac{\sqrt{x+1} - 1}{x}$;　　　　　　　　(2) $\lim\limits_{\substack{x \to 0 \\ y \to 0}} \dfrac{\sqrt{xy+1} - 1}{xy}$.

分析及求解　问题(1)属于"$\dfrac{0}{0}$"型极限,可以使用分子有理化的方法进行求解,对问题(2),分子和分母各自的极限也都为 0,可以先将 xy 看成整体,参照问题(1)的处理办法

进行解决.

(1) $\lim\limits_{x \to 0} \dfrac{\sqrt{x+1}-1}{x} = \lim\limits_{x \to 0} \dfrac{(\sqrt{x+1}-1)(\sqrt{x+1}+1)}{x(\sqrt{x+1}+1)} = \lim\limits_{x \to 0} \dfrac{1}{\sqrt{x+1}+1} = \dfrac{1}{2}.$

(2) $\lim\limits_{\substack{x \to 0 \\ y \to 0}} \dfrac{\sqrt{xy+1}-1}{xy} = \lim\limits_{\substack{x \to 0 \\ y \to 0}} \dfrac{(\sqrt{xy+1}-1)(\sqrt{xy+1}+1)}{xy(\sqrt{xy+1}+1)} = \lim\limits_{\substack{x \to 0 \\ y \to 0}} \dfrac{xy}{xy(\sqrt{xy+1}+1)}$

$\qquad\qquad = \lim\limits_{\substack{x \to 0 \\ y \to 0}} \dfrac{1}{\sqrt{xy+1}+1} = \dfrac{1}{2}.$

从上题的解答过程我们可以看出,在接触新问题时,要经常联系旧知识,创造条件进行类比,拓展解题思路,养成良好的类比推理的习惯,这样既有利于理解、掌握新知识,还能使旧知识得到巩固,同时拓展视野,运用好类比法,可以让高等数学的学习变得非常轻松.

三、类比法在其他方面的应用

类比法是按同类事物或相似事物的发展规律相一致的原则,对预测目标加以对比分析,来推断预测目标事物未来发展趋向与可能水平的一种预测方法.它的应用形式很多,如由点推面、由局部推整体、由类似产品推新产品等等.

例 3.4.3 美国麻省理工学院机构工程系主任谢皮罗教授在 1962 年发现放洗澡水时,水流出浴池,总是形成逆时针方向的漩涡.他认为这种现象与地球自转有关.由于地球是自西向东不停地旋转,所以北半球的洗澡水总是逆时针方向流出浴池.他由此推理,认为北半球的台风同样是逆时针方向旋转的,其道理与洗澡水流出漩涡呈逆时针方向的道理是相同的.谢皮罗还断言,如果在南半球,情况恰好相反.他的论文发表后,引起了世界各国科学家的莫大兴趣.他们纷纷进行观察或实验,其结果与谢皮罗的论断完全相符.

例 3.4.4 1678 年,荷兰物理学家惠更斯在研究光的传播现象时发现,光与声音的性质在许多方面都非常相似.例如,光的传播速度非常快,而光线可能来自完全不同甚至相反的方向;声音也是这样,它借助空气朝气源周围的各个方向以相同速度传播.光与声的可观察性质也是一一对应的:声音有回音、音量、音调等,而光线则有反射、亮度、颜色等;而且,与光一样,声音的传播也服从折射定律和反射定律.根据类比,惠更斯提出了"光本质上是一种波动"的假说.

复习题三

一、填空题

1. 若 $f\left(\dfrac{y}{x}\right) = \dfrac{\sqrt{x^2+y^2}}{y}$ $(x>0, y>0)$,则 $f(x) = $ _____.

2. 设 $z = \ln\left(x + \dfrac{y}{2x}\right)$,则 $\dfrac{\partial z}{\partial x}\Big|_{(1,0)} = $ _____ , $\mathrm{d}z\Big|_{(1,0)} = $ _____.

3. 设 $z = x^y$,则 $\dfrac{\partial^2 z}{\partial x \partial y}\Big|_{\substack{x=2 \\ y=3}} = $ _____.

二、单项选择题

1. 二元函数 $z = \ln xy$ 的定义域是( ).

A. $x \geqslant 0, y \geqslant 0$ B. $x < 0, y < 0$

C. $x < 0, y < 0$ 与 $x > 0, y > 0$ D. $x < 0, y < 0$ 或 $x > 0, y > 0$

2. 如果函数 $z = f(x, y)$ 在点 (x_0, y_0) 处偏导数存在，则在 (x_0, y_0) 点处（   ）.

    A. 极限存在   B. 连续

    C. 全微分存在   D. 以上都不对

3. 设 $z = x^{xy}$，则 $\dfrac{\partial z}{\partial x}$ 等于（   ）.

    A. xyx^{xy-1} B. $x^{xy} \ln x$

    C. $xyx^{xy} + yx^{xy} \ln x$ D. $xyx^{xy} + x^{xy} \ln x$

4. 如果函数 $z = f(x, y)$ 在点 (x_0, y_0) 处有 $f'_x(x_0, y_0) = 0$，$f'_y(x_0, y_0) = 0$，则在 (x_0, y_0) 处（   ）.

    A. 连续   B. 极限存在   C. 偏导数存在   D. 极值存在

三、计算题

1. 求下列函数的一阶偏导数：

（1）$z = \arcsin(x^2 + xy + y^2)$；   （2）$z = (\sin x)^{\cos y}$.

2. 设 $z = f(x^2 - y^2, e^{xy})$，求 dz.

3. 已知函数 $z = z(x, y)$ 由方程 $x^2 + y^2 + z^2 = 4z$ 所确定，求 $\dfrac{\partial^2 z}{\partial x^2}, \dfrac{\partial^2 z}{\partial y \partial x}$.

四、 证明函数 $u = x^k F\left(\dfrac{z}{x}, \dfrac{y}{x}\right)$ 满足方程 $x\dfrac{\partial u}{\partial x} + y\dfrac{\partial u}{\partial y} + z\dfrac{\partial u}{\partial z} = ku$，其中 k 为常数.

第四章　一元函数积分学及其应用

学习目标

- 了解定积分的概念、几何意义及其性质.
- 掌握原函数与不定积分的概念及基本初等函数的积分公式.
- 掌握牛顿-莱布尼兹公式.
- 掌握积分的第一类换元、第二类换元积分法和分部积分法.
- 掌握定积分在几何和经济分析中的应用.
- 了解无穷限积分.

本章讨论微积分学的另一个基本问题——定积分. 我们首先从几何与物理运动问题出发引出定积分的概念，然后讨论它的性质与计算方法，最后介绍定积分在几何、物理上的一些应用.

【**曲边梯形的面积**】

设 $y=f(x)$ 在区间 $[a,b]$ 上非负、连续. 由直线 $x=a$，$x=b$，x 轴及曲线 $y=f(x)$ 所围成的曲边梯形（如图 4-1）的面积 A 如何得到？

我们知道矩形的面积等于底乘高. 而曲边梯形在底边上各点处的高 $f(x)$ 在区间 $[a,b]$ 上是变化的，故它的面积不能直接用矩形面积公式来计算. 设想沿 y 轴方向将曲边梯形分割成许多小曲边梯形，用小矩形面积近似代替小曲边梯形的面积，进而所有小矩形面积之和就可以作为大曲边梯形面积的近似值. 分割越细，误差越小，当无限细分时，所有小矩形面积之和的极限就是大曲边梯形的面积.

根据以上设想，可按四步来计算曲边梯形的面积 A.

第一步　分割：在区间 $[a,b]$ 中任意插入若干个分点 $a=x_0<x_1<x_2<\cdots<x_{n-1}<x_n=b$，把 $[a,b]$ 分成 n 个小区间 $[x_0,x_1]$，$[x_1,x_2]$，$\cdots$，$[x_{n-1},x_n]$，第 i 个小区间长度记为 $\Delta x_i=x_i-x_{i-1}(i=1,2,\cdots,n)$. 过各分点作 x 轴的垂线，把曲边梯形分成 n 个小曲边梯形.

第二步　取近似：在每个小区间 $[x_{i-1},x_i]$ 上任取一点 ξ_i，则第 i 个小曲边梯形的面积 ΔA_i 可用与它同底、高为

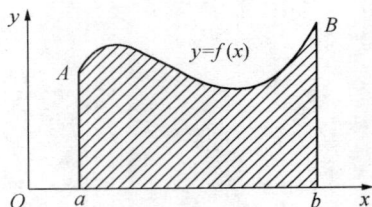
图 4-1

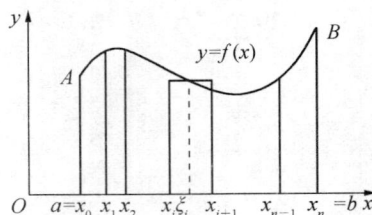
图 4-2

$f(\xi_i)$ 的小矩形面积近似,即 $\Delta A_i \approx f(\xi_i)\Delta x_i$.

第三步 求和:n 个小矩形面积的和是所求曲边梯形面积 A 的近似值,即

$$A \approx \sum_{i=1}^{n} f(\xi_i)\Delta x_i.$$

第四步 取极限:为了得到 A 的精确值,必须让每个小区间的长都趋于零.用 λ 表示 n 个小区间长度的最大值,即 $\lambda = \max\{\Delta x_i \mid i=1,2,\cdots,n\}$,则和式 $\sum_{i=1}^{n} f(\xi_i)\Delta x_i$ 在 $\lambda \to 0$ 时的极限就是面积 A,即

$$A = \lim_{\lambda \to 0}\sum_{i=1}^{n} f(\xi_i)\Delta x_i.$$

【变速直线运动的路程】

设一物体做变速直线运动,其速度是时间 t 的连续函数 $v=v(t)$,求物体在时间间隔 $[T_1,T_2]$ 内所经过的路程 S.

我们知道,匀速直线运动的路程公式是:$S=vt$,现设物体运动的速度 v 是随时间的变化而连续变化的,不能直接用此公式计算路程.由于速度函数是连续的,可以采用处理曲边梯形面积的类似方法求路程 S.

第一步 分割:在时间间隔 $[T_1,T_2]$ 内任意插入 $n-1$ 个分点:$T_1=t_0<t_1<t_2<\cdots<t_{n-1}<t_n=T_2$,把 $[T_1,T_2]$ 分成 n 个小区间:$[t_0,t_1],[t_1,t_2],\cdots,[t_{n-1},t_n]$,第 i 个小区间的长度为 $\Delta t_i=t_i-t_{i-1}(i=1,2,\cdots,n)$,第 i 个小时间段内对应的路程记作 $\Delta S_i(i=1,2,\cdots,n)$.

第二步 取近似:在小区间 $[t_{i-1},t_i]$ 上任取一点 τ_i,用速度 $v(\tau_i)$ 近似代替物体在时间 $[t_{i-1},t_i]$ 上的平均速度,则有 $\Delta S_i \approx v(\tau_i)\Delta t_i(i=1,2,\cdots,n)$.

第三步 求和:将所有这些近似值求和,得到总路程的近似值

$$S = \sum_{i=1}^{n}\Delta S_i \approx \sum_{i=1}^{n} v(\tau_i)\Delta t_i.$$

第四步 取极限:记小区间长度的最大值为 λ,当 $\lambda \to 0$ 时,和式 $\sum_{i=1}^{n} v(\tau_i)\Delta t_i$ 的极限便是所求的路程 S,即

$$S = \lim_{\lambda \to 0}\sum_{i=1}^{n} v(\tau_i)\Delta t_i.$$

从上面两个实例可以看出,虽然二者的实际意义不同,但是解决问题的方法却是相同的,即采用"分割—近似—求和—取极限"的方法,最后都归结为同一种结构的和式极限问题.类似这样的实际问题还有很多,我们抛开实际问题的具体意义,抓住它们在数量关系上共同的本质特征,从数学的结构加以研究,就引出了定积分的概念.

第一节　定积分的概念及其性质

一、定积分的概念与几何意义

1. 定积分的概念

定义 4.1　设函数 $f(x)$ 在区间 $[a,b]$ 上有定义，任取分点 $a = x_0 < x_1 < x_2 < \cdots < x_{n-1} < x_n = b$，把区间 $[a,b]$ 分割成 n 个小区间 $[x_{i-1}, x_i]$，第 i 个小区间的长度为 $\Delta x_i = x_i - x_{i-1}(i = 1, \cdots, n)$，记 $\lambda = \max\limits_{1 \leqslant i \leqslant n} \{\Delta x_i\}$. 在每个小区间 $[x_{i-1}, x_i]$

扫一扫可见微课
"定积分的定义与几何意义"

上任取一点 $\xi_i(i = 1, 2, \cdots, n)$，作和式 $\sum\limits_{i=1}^{n} f(\xi_i)\Delta x_i$，当 $\lambda \to 0$ 时，若极限 $\lim\limits_{\lambda \to 0} \sum\limits_{i=1}^{n} f(\xi_i)\Delta x_i$ 存在（这个极限值与区间 $[a,b]$ 的分法及点 ξ_i 的取法无关），则称函数 $f(x)$ 在 $[a,b]$ 上可积，并称这个极限为函数 $f(x)$ 在区间 $[a,b]$ 上的**定积分**，记作 $\int_a^b f(x)\mathrm{d}x$，即

$$\int_a^b f(x)\mathrm{d}x = \lim_{\lambda \to 0} \sum_{i=1}^{n} f(\xi_i)\Delta x_i,$$

其中，$f(x)$ 称为**被积函数**，$f(x)\mathrm{d}x$ 称为**被积表达式**，x 称为**积分变量**，a 称为**积分下限**，b 称为**积分上限**，$[a,b]$ 称为**积分区间**.

> **小贴士**
>
> 定积分定义中之所以将无限区间和无界函数排除在外，是因为对无限区间来说，当分割为 n 个小区间时，其中至少有一个小区间是无限区间，而它没有长度可言，我们根本得不到和式极限. 对无界函数来说，特定和式之和会因 ξ_i 的改变出现大幅度的变动而可能没有极限.
>
> 对于无限区间和无界函数的情形，我们将用另外的方式来定义它们的积分，即广义积分.

根据定积分的定义，前面所讨论的两个实例可分别叙述为：

曲边梯形面积 A 是曲线 $y = f(x)$ 在区间 $[a,b]$ 上的定积分 $A = \int_a^b f(x)\mathrm{d}x \ (f(x) \geqslant 0)$.

变速直线运动的物体所走过的路程 S 等于速度函数 $v = v(t)$ 在时间间隔 $[T_1, T_2]$ 上的定积分

$$S = \int_{T_1}^{T_2} v(t)\mathrm{d}t \ (v(t) \geqslant 0).$$

> **小贴士**
>
> (1) 当积分函数在积分区间上连续时，定积分必定存在.
>
> (2) 定积分的结果是一个数值，它仅与被积函数 $f(x)$，积分区间 $[a,b]$ 有关，而与积分变量用什么字母无关，即 $\int_a^b f(x)\mathrm{d}x = \int_a^b f(t)\mathrm{d}t$.
>
> (3) 规定：$\int_a^a f(x)\mathrm{d}x = 0$，$\int_a^b f(x)\mathrm{d}x = -\int_b^a f(x)\mathrm{d}x$.

2. 定积分的几何意义

设 $f(x)$ 是 $[a,b]$ 上的连续函数,由曲线 $y=f(x)$ 及直线 $x=a,x=b,y=0$ 所围成的曲边梯形的面积记为 A. 由定积分的定义,容易知道定积分有如下几何意义:

(1) 当 $f(x) \geqslant 0$ 时,$\int_a^b f(x)\mathrm{d}x = A$;

(2) 当 $f(x) \leqslant 0$ 时,$\int_a^b f(x)\mathrm{d}x = -A$;

(3) 如果 $f(x)$ 在 $[a,b]$ 上有时取正值,有时取负值(如图 4-3),那么以 $[a,b]$ 为底边,以曲线 $y=f(x)$ 为曲边的曲边梯形可分成几个部分,使得每一部分都位于 x 轴的上方或下方. 这时定积分在几何上表示上述这些部分曲边梯形面积的代数和,如图 4-3 所示,有

$$\int_a^b f(x)\mathrm{d}x = A_1 - A_2 + A_3,$$

其中 A_1,A_2,A_3 分别是图中三部分曲边梯形的面积,它们都是正数.

例 4.1.1 利用定积分的几何意义,证明 $\int_{-1}^1 \sqrt{1-x^2}\mathrm{d}x = \dfrac{\pi}{2}$.

证明 令 $y=\sqrt{1-x^2}, x\in[-1,1]$,显然 $y\geqslant 0$,则由 $y=\sqrt{1-x^2}$ 和直线 $x=-1, x=1$,$y=0$ 所围成的曲边梯形是单位圆位于 x 轴上方的半圆,如图 4-4 所示. 因为单位圆的面积 $A=\pi$,所以半圆的面积为 $\dfrac{\pi}{2}$.

由定积分的几何意义知:$\int_{-1}^1 \sqrt{1-x^2}\mathrm{d}x = \dfrac{\pi}{2}$.

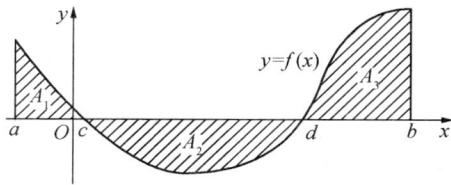

图 4-3

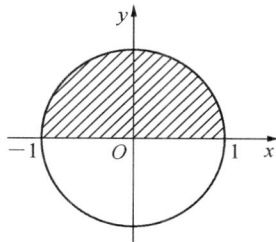

图 4-4

用定积分的几何意义,很容易得到 $\int_a^b 1\mathrm{d}x = \int_a^b \mathrm{d}x = b-a$,其几何解释为:因 $f(x)=1>0$,它在区间 $[a,b]$ 上的定积分就是一个宽为 $b-a$,高为 1 的矩形面积.

二、定积分的性质

由定积分的定义,直接求定积分的值往往比较复杂,但易推证定积分具有下述性质,其中所涉及的函数在讨论的区间上都是可积的.

性质 4.1 被积表达式中的常数因子可以提到积分号前,即 $\int_a^b kf(x)\mathrm{d}x = k\int_a^b f(x)\mathrm{d}x$.

性质 4.2 两个函数代数和的定积分等于各函数定积分的代数和,即

$$\int_a^b \left[f(x) \pm g(x) \right] dx = \int_a^b f(x) dx \pm \int_a^b g(x) dx.$$

这一结论可以推广到任意有限多个函数代数和的情形.

性质 4.3（积分区间的可加性） 对任意的点 c,有 $\int_a^b f(x) dx = \int_a^c f(x) dx + \int_c^b f(x) dx.$

注意 c 的任意性意味着不论 c 是在 $[a,b]$ 之内,还是在 $[a,b]$ 之外,这一性质均成立.

性质 4.4 如果被积函数 $f(x) = c$(c 为常数),则 $\int_a^b c\,dx = c(b-a).$

性质 4.5（对称区间上奇偶函数的积分性质） 设 $f(x)$ 在对称区间 $[-a,a]$ 上连续.

(1) 如果 $f(x)$ 为奇函数,则 $\int_{-a}^a f(x) dx = 0$;

(2) 如果 $f(x)$ 为偶函数,则 $\int_{-a}^a f(x) dx = 2\int_0^a f(x) dx.$

例 4.1.2 求下列定积分:

(1) $\int_{-\sqrt{3}}^{\sqrt{3}} \dfrac{x^2 \sin x}{1+x^4} dx$; (2) $\int_{-1}^1 x^2 |x|\,dx.$

解 (1) 因为被积函数 $f(x) = \dfrac{x^2 \sin x}{1+x^4}$ 是奇函数,且积分区间 $[-\sqrt{3},\sqrt{3}]$ 是对称区间,所以 $\int_{-\sqrt{3}}^{\sqrt{3}} \dfrac{x^2 \sin x}{1+x^4} dx = 0.$

(2) 由于 $x^2|x|$ 是 $[-1,1]$ 上的偶函数,

$$\int_{-1}^1 x^2 |x|\,dx = 2\int_0^1 x^3 dx = 2 \cdot \frac{1}{4}\left[x^4\right]_0^1 = \frac{1}{2}.$$

习题 4.1

1. 试利用定积分的几何意义计算定积分 $\int_0^1 2x\,dx.$

2. 若 $f(x)$ 在 $[a,b]$ 上连续,且 $\int_a^b f(x)dx = 0$,求 $\int_a^b \left[f(x)+1\right]dx.$

3. 试用定积分的几何意义求出下列定积分的值:

(1) $\int_{-1}^1 |x|\,dx$; (2) $\int_0^a \sqrt{a^2-x^2}\,dx.$

4. 设 $f(x) = \begin{cases} 1 & x \geq 0 \\ -1 & x < 0 \end{cases}$,求 $\int_{-1}^2 f(x)dx.$

第二节　定积分的计算

定积分计算是转化为被积函数的一个原函数在积分区间上的增量,所以利用牛顿-莱布尼兹公式,定积分计算本质上就是计算不定积分.本节先介绍定积分的概念和性质,接着介绍牛顿-莱布尼兹公式以阐述定积分和不定积分的关系,然后讲解不定积分的计算方法,最

后再看牛顿-莱布尼兹公式和不定积分的各种计算方法如何结合起来计算定积分的.

一、不定积分的概念、公式和性质

1. 原函数的概念

定义 4.2　设 $f(x)$ 是定义在某区间 I 内的已知函数,若存在函数 $F(x)$,使得对任意 $x \in I$,都有

$$F'(x) = f(x) \text{ 或 } \mathrm{d}F(x) = f(x)\mathrm{d}x,$$

则称 $F(x)$ 为 $f(x)$ 在区间 I 内的一个**原函数**.

例如,任意 $x \in \mathbf{R}$,$(\sin x)' = \cos x$,因此,$\sin x$ 是 $\cos x$ 在 $\mathbf{R}$ 内的一个原函数,不仅如此,$\sin x + C$(C 为任意常数)也是 $\cos x$ 在 $\mathbf{R}$ 内的原函数.

若 $F(x)$ 是 $f(x)$ 的一个原函数,则 $F(x) + C$ 是 $f(x)$ 的全体原函数,其中 C 为任意常数.

事实上,由于 $F'(x) = f(x)$,又 $[F(x) + C]' = F'(x) = f(x)$,所以函数族 $F(x) + C$ 中的每一个函数都是 $f(x)$ 的原函数.

另一方面,设 $G(x)$ 是 $f(x)$ 在 I 内的任意一个原函数,即 $G'(x) = f(x)$,则

$$[G(x) - F(x)]' = G'(x) - F'(x) = f(x) - f(x) = 0.$$

由拉格朗日定理的推论,在 I 内,$G(x) - F(x) = C$,即 $G(x) = F(x) + C$(C 为任意常数).由此可得,**任意两个原函数之间相差一个常数**.

综上所述,$f(x)$ 的全体原函数所组成的集合,就是函数族 $\{F(x) + C \mid C$ 为任意常数$\}$.

2. 不定积分的概念

定义 4.3　设 $F(x)$ 是函数 $f(x)$ 的一个原函数,则 $f(x)$ 的全体原函数称为 $f(x)$ 的**不定积分**,记作 $\int f(x)\mathrm{d}x$,即 $\int f(x)\mathrm{d}x = F(x) + C$.

上式中的"$\int$"称为积分号,$f(x)$ 称为被积函数,$f(x)\mathrm{d}x$ 称为被积表达式,x 称为积分变量,C 称为积分常数.

> **小贴士**　积分号"$\int$"是一种运算符号,它表示对已知函数求其全部原函数,所以**在不定积分的结果中必须加上任意常数 C**.

例 4.2.1　由导数的基本公式,求下列不定积分:

(1) $\int x^2 \mathrm{d}x$;　　　(2) $\int \sin x \mathrm{d}x$;　　　(3) $\int \dfrac{1}{x}\mathrm{d}x$.

解　(1) 因为 $\left(\dfrac{1}{3}x^3\right)' = x^2$,所以 $\int x^2 \mathrm{d}x = \dfrac{1}{3}x^3 + C$;

(2) 因为 $(-\cos x)' = \sin x$,所以 $\int \sin x \mathrm{d}x = -\cos x + C$;

(3) 因为 $x > 0$ 时,$(\ln x)' = \dfrac{1}{x}$,又 $x < 0$ 时,$[\ln(-x)]' = \dfrac{-1}{-x} = \dfrac{1}{x}$,所以

$$\int \frac{1}{x}\mathrm{d}x = \ln|x| + C.$$

例 4.2.2　根据不定积分的定义验证：$\displaystyle\int \frac{2x}{1+x^2}\mathrm{d}x = \ln(1+x^2) + C.$

解　由于 $[\ln(1+x^2)]' = \dfrac{2x}{1+x^2}$，所以 $\displaystyle\int \frac{2x}{1+x^2}\mathrm{d}x = \ln(1+x^2) + C.$

> **小贴士**
>
> 从原函数与不定积分的定义可以看出，积分运算和微分运算是互为逆运算的．积分运算的结果是可以用求导的方法来检验其正确与否的．例如，$\displaystyle\int \cos x\mathrm{d}x = \sin x + C$，由于 $(\sin x + C)' = \cos x$，所以可以验证计算结果是正确的．

3. 不定积分的基本公式

由不定积分的定义，从常用函数的导数公式可以得到相应的积分公式．

(1) $\displaystyle\int k\mathrm{d}x = kx + C$（$k$ 为常数）；

(2) $\displaystyle\int x^{\alpha}\mathrm{d}x = \frac{x^{\alpha+1}}{\alpha+1} + C$（$\alpha \neq -1$）；

(3) $\displaystyle\int \frac{1}{x}\mathrm{d}x = \ln|x| + C$；

(4) $\displaystyle\int a^x\mathrm{d}x = \frac{a^x}{\ln a} + C$，特别地 $\displaystyle\int e^x\mathrm{d}x = e^x + C$；

(5) $\displaystyle\int \sin x\mathrm{d}x = -\cos x + C$；

(6) $\displaystyle\int \cos x\mathrm{d}x = \sin x + C$；

(7) $\displaystyle\int \sec^2 x\mathrm{d}x = \tan x + C$；

(8) $\displaystyle\int \csc^2 x\mathrm{d}x = -\cot x + C$；

(9) $\displaystyle\int \sec x\tan x\mathrm{d}x = \sec x + C$；

(10) $\displaystyle\int \csc x\cot x\mathrm{d}x = -\csc x + C$；

(11) $\displaystyle\int \frac{1}{\sqrt{1-x^2}}\mathrm{d}x = \arcsin x + C$；

(12) $\displaystyle\int \frac{1}{1+x^2}\mathrm{d}x = \arctan x + C.$

以上 12 个公式是进行积分运算的基础，必须熟记．不仅要记住右端结果，还要熟悉左端被积函数的形式，我们后面所涉及的不定积分计算，无一例外都要化为以上基本积分公式才能做出来．

4. 不定积分的性质

性质 4.6　$\displaystyle\int kf(x)\mathrm{d}x = k\int f(x)\mathrm{d}x$（$k \neq 0$）．

性质 4.7　$\displaystyle\int [f(x) \pm g(x)]\mathrm{d}x = \int f(x)\mathrm{d}x \pm \int g(x)\mathrm{d}x.$

？请思考

积分式子 $\displaystyle\int x\sin x\mathrm{d}x = \int x\mathrm{d}x \cdot \int \sin x\mathrm{d}x$，对吗？

利用不定积分的基本公式和性质，可以求出一些函数的不定积分．

例 4.2.3　求 $\displaystyle\int \left(x\sqrt{x\sqrt{x}} - \sqrt[3]{x^2} + 4\frac{x}{\sqrt{x}} \right)\mathrm{d}x.$

解 对被积函数恒等变形,化为基本积分公式中的情形(化为幂函数 x^μ),再利用性质逐项积分.

$$\int \left(x\sqrt{x\sqrt{x}} - \sqrt[3]{x^2} + 4\frac{x}{\sqrt{x}}\right)\mathrm{d}x$$

$$= \int \left(x^{\frac{7}{4}} - x^{\frac{2}{3}} + 4x^{\frac{1}{2}}\right)\mathrm{d}x = \int x^{\frac{7}{4}}\mathrm{d}x - \int x^{\frac{2}{3}}\mathrm{d}x + \int 4x^{\frac{1}{2}}\mathrm{d}x$$

$$= \frac{4}{11}x^{\frac{11}{4}} - \frac{3}{5}x^{\frac{5}{3}} + 4\times\frac{2}{3}x^{\frac{3}{2}} + C$$

$$= \frac{4}{11}x^{\frac{11}{4}} - \frac{3}{5}x^{\frac{5}{3}} + \frac{8}{3}x^{\frac{3}{2}} + C.$$

例 4.2.4 求 (1) $\displaystyle\int \frac{1-x^2+\sqrt{x}}{\sqrt[3]{x}}\mathrm{d}x$;(2) $\displaystyle\int \frac{(1-x)^3}{x^2}\mathrm{d}x$.

解 对被积函数恒等变形(**分子的各项除以分母**),化为幂函数的代数和的形式,再利用性质逐项积分.

(1) $\displaystyle\int \frac{1-x^2+\sqrt{x}}{\sqrt[3]{x}}\mathrm{d}x = \int \left(x^{-\frac{1}{3}} - x^{\frac{5}{3}} + x^{\frac{1}{6}}\right)\mathrm{d}x$

$$= \int x^{-\frac{1}{3}}\mathrm{d}x - \int x^{\frac{5}{3}}\mathrm{d}x + \int x^{\frac{1}{6}}\mathrm{d}x = \frac{3}{2}x^{\frac{2}{3}} - \frac{3}{8}x^{\frac{8}{3}} + \frac{6}{7}x^{\frac{7}{6}} + C;$$

(2) $\displaystyle\int \frac{(1-x)^3}{x^2}\mathrm{d}x = \int \left(\frac{1}{x^2} - \frac{3}{x} + 3 - x\right)\mathrm{d}x = -\frac{1}{x} - 3\ln|x| + 3x - \frac{x^2}{2} + C.$

例 4.2.5 求 $\displaystyle\int \frac{1}{x^2(1+x^2)}\mathrm{d}x$.

解 对于被积函数是分式有理函数时,常常将它拆成分母较简单、易于积分的分式之和.

$$\int \frac{1}{x^2(1+x^2)}\mathrm{d}x = \int \frac{(x^2+1)-x^2}{x^2(1+x^2)}\mathrm{d}x = \int \frac{1}{x^2}\mathrm{d}x - \int \frac{1}{x^2+1}\mathrm{d}x$$

$$= -\frac{1}{x} - \arctan x + C.$$

从以上几个例子可以看出,求不定积分时,常常要对被积函数进行恒等变形并化简,转化为基本积分公式中的被积函数的代数和的形式,再运用基本积分公式直接求出,这种积分方法,称为**直接积分法**. 与求导数相比,求积分有较大的灵活性. 这就需要熟记基本积分公式,通过做一定数量的练习,总结经验,才能逐渐掌握求原函数的基本技巧.

二、微积分基本定理

定积分就是一种特定形式的极限,直接利用定义计算定积分是十分繁杂的,有时甚至无法计算. 下面介绍定积分计算的有力工具——牛顿-莱布尼兹公式.

若已知物体以速度 $v=v(t)$ 做直线运动,则物体在 $[T_1, T_2]$ 所经过的路程为 $\displaystyle\int_{T_1}^{T_2} v(t)\mathrm{d}t$. 另一方面,若已知 $S(t)$ 是物体在时刻 t 的位置函数,则物体在 $[T_1, T_2]$ 时间内所走过的路程也可以表示成 $S(T_2) - S(T_1)$,所以就有等式 $\displaystyle\int_{T_1}^{T_2} v(t)\mathrm{d}t = S(T_2) - S(T_1)$ 成立. 注意到

$S'(t) = v(t)$，把这一结果推广到一般情形，就得到牛顿-莱布尼兹公式.

定理 4.1 设 $f(x)$ 在区间 $[a,b]$ 上连续，$F(x)$ 是 $f(x)$ 的一个原函数，则

$$\int_a^b f(x)\mathrm{d}x = F(b) - F(a).$$

上式称为牛顿-莱布尼兹公式，也叫**微积分基本公式**. 这一公式揭示了定积分与不定积分的关系. 为了书写方便，公式中的 $F(b)-F(a)$ 通常记为 $F(x)\Big|_a^b$ 或 $[F(x)]_a^b$. 因此，上述公式也可以写成

$$\int_a^b f(x)\mathrm{d}x = F(x)\Big|_a^b = F(b) - F(a).$$

───── 小 点 睛 ─────

化归法是转化思想这一重要的数学思想在数学方法论上的体现，是数学中普遍适用的重要方法.

人们在认识一个新事物或解决一个新问题时，往往会设法将对新事物或新问题的分析研究纳入到已有的认识结构或模式中来. 例如，我们在解决数学问题的过程中，常常是将待解决的问题通过转化，归结为较熟悉的问题来解决，因为这样就可以充分调动和运用我们已有的知识、经验和方法解决问题. 这种问题之间的转化概括起来就是化归方法.

牛顿-莱布尼兹公式不仅在理论上是很重要的，而且在实际计算中也有重要的意义，即将求定积分的问题化归为求被积函数的原函数或不定积分的问题.

───── 小 点 睛 ─────

说起微积分基本定理和牛顿 莱布尼兹公式，其背后还有一段关于微积分理论到底是由谁先创建的历史争论. 史料表明，他们两人都是独立地得到微积分中许多重要结果的，因此，应当并列为微积分学的主要创始人. 现在我们使用的微积分通用符号很多都是莱布尼兹精心选用的，比如积分符号是英文单词 Summa 中首写字母的拉长.

例 4.2.6 求定积分 $\int_1^4 \sqrt{x}\mathrm{d}x$.

解 因为 $\int \sqrt{x}\mathrm{d}x = \frac{2}{3}x^{\frac{3}{2}} + C$，所以 $\frac{2}{3}x^{\frac{3}{2}}$ 是 $\sqrt{x}$ 的一个原函数，所以由牛顿-莱布尼兹公式有

$$\int_1^4 \sqrt{x}\mathrm{d}x = \frac{2}{3}x^{\frac{3}{2}}\Big|_1^4 = \frac{2}{3}(4^{\frac{3}{2}}-1) = \frac{14}{3}.$$

例 4.2.7 求定积分 $\int_0^1 \frac{1}{1+x^2}\mathrm{d}x$.

解 因为 $\int \dfrac{1}{1+x^2}\mathrm{d}x = \arctan x + C$，所以 $\arctan x$ 是 $\dfrac{1}{1+x^2}$ 的一个原函数，所以由牛顿-莱布尼兹公式有

$$\int_0^1 \frac{1}{1+x^2}\mathrm{d}x = \arctan x \Big|_0^1 = \arctan 1 - \arctan 0 = \frac{\pi}{4}.$$

例 4.2.8 求定积分 $\displaystyle\int_{-1}^3 |2-x|\,\mathrm{d}x$.

解 根据定积分性质 4.3，得

$$\begin{aligned}
\int_{-1}^3 |2-x|\,\mathrm{d}x &= \int_{-1}^2 |2-x|\,\mathrm{d}x + \int_2^3 |2-x|\,\mathrm{d}x \\
&= \int_{-1}^2 (2-x)\,\mathrm{d}x + \int_2^3 (x-2)\,\mathrm{d}x \\
&= \left(2x - \frac{1}{2}x^2\right)\Big|_{-1}^2 + \left(\frac{1}{2}x^2 - 2x\right)\Big|_2^3 \\
&= \frac{9}{2} + \frac{1}{2} = 5.
\end{aligned}$$

例 4.2.9 设 $f(x) = \begin{cases} x & 0 \leqslant x \leqslant 1 \\ 2-x & 1 < x \leqslant 2 \end{cases}$，求 $\displaystyle\int_0^2 f(x)\,\mathrm{d}x$.

解
$$\begin{aligned}
\int_0^2 f(x)\,\mathrm{d}x &= \int_0^1 f(x)\,\mathrm{d}x + \int_1^2 f(x)\,\mathrm{d}x = \int_0^1 x\,\mathrm{d}x + \int_1^2 (2-x)\,\mathrm{d}x \\
&= \frac{x^2}{2}\Big|_0^1 + \left(2x - \frac{x^2}{2}\right)\Big|_1^2 \\
&= \frac{1}{2} + \left[(4-2) - \left(2 - \frac{1}{2}\right)\right] \\
&= \frac{1}{2} + \frac{1}{2} = 1.
\end{aligned}$$

小贴士 当被积函数为分段函数时，应利用定积分对区间的可加性把积分区间分成若干子区间，分别在各子区间上求定积分，从而求得原定积分.

三、不定积分的求法

1. 第一类换元积分法（凑微分法）

在不定积分的计算过程中，并非所有不定积分经化简后都可以直接套用基本积分公式，甚至被积函数看起来似乎很简单的不定积分，直接积分法对它们也无能为力.

☞ 扫一扫可见微课
"不定积分第一类换元积分法"

例 4.2.10 计算不定积分：

(1) $\displaystyle\int \sin 10x\,\mathrm{d}x$； (2) $\displaystyle\int \mathrm{e}^{3x}\,\mathrm{d}x$.

分析   被积函数 $\sin 10x$ 是复合函数，不能直接套用 $\int \sin x \mathrm{d}x$ 的公式.

$$\int \sin 10x \mathrm{d}x \neq -\cos 10x + C \quad ((-\cos 10x + C)' \neq \sin 10x);$$

$$\int \mathrm{e}^{3x} \mathrm{d}x \neq \mathrm{e}^{3x} + C \qquad ((\mathrm{e}^{3x} + C)' \neq \mathrm{e}^{3x}).$$

我们尝试把原积分变形后计算：

(1) $\int \sin 10x \mathrm{d}x = \dfrac{1}{10} \int \sin 10x \mathrm{d}(10x) \xrightarrow{\text{令} u = 10x} \dfrac{1}{10} \int \sin u \mathrm{d}u = -\dfrac{1}{10} \cos u + C$

$\xrightarrow{u \text{回代}} -\dfrac{1}{10} \cos 10x + C.$

(2) $\int \mathrm{e}^{3x} \mathrm{d}x = \dfrac{1}{3} \int \mathrm{e}^{3x} \mathrm{d}(3x) \xrightarrow{\text{令} u = 3x} \dfrac{1}{3} \int \mathrm{e}^{u} \mathrm{d}u = \dfrac{1}{3} \mathrm{e}^{u} + C \xrightarrow{u \text{回代}} \dfrac{1}{3} \mathrm{e}^{3x} + C.$

上述解法的特点是引入新变量 $u = \varphi(x)$，从而把原积分化为关于 u 的一个简单的积分，再套用基本积分公式求解. 一般可化为下列计算程序：

$$\int f[\varphi(x)] \varphi'(x) \mathrm{d}x = \int f[\varphi(x)] \mathrm{d}\varphi(x) \xrightarrow{\text{令} u = \varphi(x)} \int f(u) \mathrm{d}u$$

$$= F(u) + C \xrightarrow{u \text{回代}} F[\varphi(x)] + C.$$

定理 4.2   设 $f(u)$ 具有原函数 $F(u)$，$\varphi'(x)$ 是连续函数，则

$$\int f[\varphi(x)] \varphi'(x) \mathrm{d}x = F[\varphi(x)] + C.$$

这种先"凑"微分，再做变量代换的方法，叫**第一类换元积分法**，也称**凑微分法**. 实际解题时，不必写出具体换元的过程，熟练运用整体换元的思想方法即可.

> **小贴士**
>
> 实际操作时，对凑微分法有三句话的要求：
>
> 1. 被积函数的外函数很容易积分，一般都是基本积分公式中的.
>
> 2. 在微分算子后尝试凑成被积函数的内函数的微分.
>
> 3. 凑好的微分一定要去计算，计算后和原来的表达式至多相差一个常数，否则，这种凑微分的方法对这道题就不适用.
>
> 实际上，凑微分就是整体变量代换而已.

例 4.2.11   计算不定积分：$\int (2x-3)^5 \mathrm{d}x$.

解 $\int (2x-3)^5 \mathrm{d}x = \dfrac{1}{2} \int (2x-3)^5 \cdot \mathrm{d}(2x-3) = \dfrac{1}{12} (2x-3)^6 + C.$

一般地，$\int f(ax+b) \mathrm{d}x = \dfrac{1}{a} \int f(ax+b) \mathrm{d}(ax+b).$

例 4.2.12   计算不定积分：

(1) $\int x^3 \mathrm{e}^{x^4} \mathrm{d}x$;   (2) $\int x^2 (x^3+1)^{10} \mathrm{d}x$.

解 (1) $\int x^3 e^{x^4} dx = \frac{1}{4}\int e^{x^4} d(x^4) = \frac{1}{4}e^{x^4} + C$;

(2) $\int x^2 (x^3+1)^{10} dx = \frac{1}{3}\int (x^3+1)^{10} d(x^3+1) = \frac{1}{33}(x^3+1)^{11} + C$.

例 4.2.13 计算 $\int \frac{1-2\ln x}{x} dx$.

解 $\int \frac{1-2\ln x}{x} dx = -\frac{1}{2}\int (1-2\ln x) d(1-2\ln x) = -\frac{1}{4}(1-2\ln x)^2 + C$.

例 4.2.14 求 $\int \sin x \cos^6 x dx$.

解 $\int \sin x \cos^6 x dx = -\int \cos^6 x d(\cos x) = -\frac{1}{7}\cos^7 x + C$.

例 4.2.15 求 $\int \frac{(2-\arctan x)^2}{1+x^2} dx$.

解 $\int \frac{(2-\arctan x)^2}{1+x^2} dx = -\int (2-\arctan x)^2 d(2-\arctan x) = -\frac{1}{3}(2-\arctan x)^3 + C$.

例 4.2.16 (1) $\int \sin^2 x dx$; (2) $\int \cos^3 x dx$.

解 (1) $\int \sin^2 x dx = \frac{1}{2}\int (1-\cos 2x) dx = \frac{1}{2}\left[\int dx - \frac{1}{2}\int \cos 2x d(2x)\right]$

$= \frac{1}{2}(x - \frac{1}{2}\sin 2x) + C = \frac{1}{2}x - \frac{1}{4}\sin 2x + C$;

(2) $\int \cos^3 x dx = \int \cos^2 x \cdot \cos x dx = \int \cos^2 x d(\sin x)$

$= \int (1-\sin^2 x) d(\sin x) = \sin x - \frac{1}{3}\sin^3 x + C$.

2. 第二类换元积分法

以上用不定积分的第一类换元法求解了一些例题，但有些不定积分，如 $\int \frac{dx}{\sqrt{x^2+a^2}}(a \neq 0)$，

$\int \frac{1}{1+\sqrt[3]{x}} dx$ 等，就难以用凑微分法来积分. 这些表达式中都有根式，在基本积分公式中，有根式的只有两个，要么把根式当作幂函数来积分，例如 $\int \frac{x}{\sqrt{1-x^2}} dx$;要么把根式当作 $\int \frac{1}{\sqrt{1-x^2}} dx$ 来凑微分，例如 $\int \frac{1}{\sqrt{9-x^2}} dx$. 如果遇到的题目中的根式都没法化成这两种情况，那意味着根式保留在被积函数中就没法积分了. 那只有想办法去掉根式，这就是第二换元法的基本思路. 下面看一些具体的例子.

例 4.2.17 求 $\int \frac{\sqrt{x}}{1+\sqrt{x}} dx$.

解 为了消去根式，可令 $\sqrt{x} = t$，则 $x = t^2$，$dx = 2tdt$，于是

$$\int \frac{\sqrt{x}}{1+\sqrt{x}}\mathrm{d}x = \int \frac{t}{1+t}2t\mathrm{d}t = 2\int \frac{t^2}{1+t}\mathrm{d}t = 2\int \frac{(t^2-1)+1}{1+t}\mathrm{d}t$$

$$= 2\int \left(t-1+\frac{1}{1+t}\right)\mathrm{d}t = t^2-2t+2\ln|1+t|+C$$

$$= x-2\sqrt{x}+2\ln(1+\sqrt{x})+C.$$

例 4.2.18 $\int \frac{\sqrt{x-1}}{x}\mathrm{d}x.$

解 为了消去根式，可令 $\sqrt{x-1}=t$，则 $x=t^2+1$，$\mathrm{d}x=2t\mathrm{d}t$，于是

$$\int \frac{\sqrt{x-1}}{x}\mathrm{d}x = \int \frac{2t^2}{t^2+1}\mathrm{d}t = 2\int \frac{t^2+1-1}{t^2+1}\mathrm{d}t = 2\int \left(1-\frac{1}{t^2+1}\right)\mathrm{d}t$$

$$= 2(t-\arctan t)+C = 2(\sqrt{x-1}-\arctan \sqrt{x-1})+C.$$

由例 4.2.17、例 4.2.18 可以看出：当被积函数中含有 $\sqrt[n]{ax+b}$ 时，可令 $\sqrt[n]{ax+b}=t$，消除根号，从而求得积分. 通常称以上代换为**根式代换**.

下面重点讨论被积函数含有被开方因式为二次根式的情况. 这种情况如果也做根式代换，会达不到去掉根式的目的，因为求出反函数时仍含有二次根式，所以得想另外的办法去掉根式，这可以结合三角函数公式，通过适当换元将二次根式内化作某个表达式的平方，就可以去掉根式了.

例 4.2.19 求 $\int \sqrt{a^2-x^2}\mathrm{d}x (a>0).$

解 为了消除被积函数中的根式，可令 $x=a\sin t \left(-\frac{\pi}{2}<t<\frac{\pi}{2}\right)$，那么

$$\sqrt{a^2-x^2} = \sqrt{a^2(1-\sin^2 t)} = a\cos t,\ \mathrm{d}x=a\cos t\mathrm{d}t,$$

于是 $\int \sqrt{a^2-x^2}\mathrm{d}x = \int a\cos t \cdot a\cos t\mathrm{d}t = a^2\int \cos^2 t\mathrm{d}t$

$$= \frac{a^2}{2}\int (1+\cos 2t)\mathrm{d}t = \frac{a^2}{2}\left(t+\frac{1}{2}\sin 2t\right)+C$$

$$= \frac{a^2}{2}(t+\sin t\cos t)+C.$$

为了把最后一式还原为 x 的表达式，可以根据 $\sin t = \frac{x}{a}\left(-\frac{\pi}{2}<t<\frac{\pi}{2}\right)$，求 t 的其他三角函数值. 可以作辅助直角三角形（如图 4-5），可得

$\cos t = \frac{\sqrt{a^2-x^2}}{a}$，因此

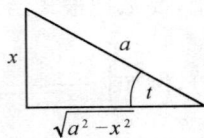

图 4-5

$$\int \sqrt{a^2-x^2}\mathrm{d}x \xlongequal{\text{回代}} \frac{a^2}{2}\arcsin \frac{x}{a}+\frac{x}{2}\sqrt{a^2-x^2}+C.$$

做三角代换时,合理设置角度的范围很关键.角度所属范围的选择,一方面,要使得根式内开出来为恒正或恒负,以避免讨论正负的情形;另一方面,还要不改变原来自变量的变化范围.

例 4. 2. 20   求 $\int \dfrac{\mathrm{d}x}{\sqrt{x^2+a^2}}(a>0)$.

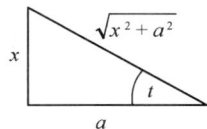

图 4 - 6

解   为了消除被积函数中的根式,可令

$$x=a\tan t\left(-\frac{\pi}{2}<t<\frac{\pi}{2}\right),$$

那么 $\sqrt{x^2+a^2}=a\sec t$,$\mathrm{d}x=a\sec^2 t\mathrm{d}t$,

于是
$$\int \frac{\mathrm{d}x}{\sqrt{x^2+a^2}}=\int \frac{a\sec^2 t}{a\sec t}\mathrm{d}t=\int \sec t\mathrm{d}t$$
$$=\int \frac{\cos x}{\cos^2 x}\mathrm{d}x=\int \frac{1}{1-\sin^2 x}\mathrm{d}\sin x$$
$$=\frac{1}{2}\int\left(\frac{1}{1-\sin x}+\frac{1}{1+\sin x}\right)\mathrm{d}\sin x$$
$$=\frac{1}{2}(\ln|1+\sin x|-\ln|1-\sin x|)+C$$
$$=\frac{1}{2}\ln\left|\frac{1+\sin x}{1-\sin x}\right|+C.$$

根据 $\tan t=\dfrac{x}{a}$,作辅助直角三角形(如图 4 - 6),有 $\sin t=\dfrac{x}{\sqrt{x^2+a^2}}$,因此

$$\int \frac{\mathrm{d}x}{\sqrt{x^2+a^2}}=\frac{1}{2}\ln\left|\frac{1+\sin x}{1-\sin x}\right|+C=\frac{1}{2}\ln\left|\frac{1+\dfrac{x}{\sqrt{x^2+a^2}}}{1-\dfrac{x}{\sqrt{x^2+a^2}}}\right|+C$$

$$=\frac{1}{2}\ln\left|\frac{\sqrt{x^2+a^2}+x}{\sqrt{x^2+a^2}-x}\right|+C=\ln(\sqrt{x^2+a^2}+x)+C.$$

一般地说,当被积函数含有

(1) $\sqrt{a^2-x^2}$,可作代换 $x=a\sin t$;

(2) $\sqrt{x^2+a^2}$,可作代换 $x=a\tan t$;

(3) $\sqrt{x^2-a^2}$,可作代换 $x=a\sec t$.

通常称以上代换为**三角代换**.

不管是根式代换还是三角代换,目的都是为了去掉被积函数中的根式,因为这个根式直接利用基本积分公式没法处理.如果把根式整体代换掉可以去根式,那就做根式代换;如果根式下有平方,通过三角代换可以化成另一个表达式的平方,则可以去掉根式.

3. 分部积分法

当被积函数是两种不同类型函数的乘积时,例如 $\int x^2 \mathrm{e}^x \mathrm{d}x$,

$\int x\sin x\mathrm{d}x$,或者被积函数中有导数时,往往需要用下面所讲的

分部积分法来解决.

设函数 $u=u(x),v=v(x)$ 具有连续的导数,根据乘积微分

公式有

$$\mathrm{d}(uv)=u\mathrm{d}v+v\mathrm{d}u, u\mathrm{d}v=\mathrm{d}(uv)-v\mathrm{d}u,$$

两边积分得:

$$\int u\mathrm{d}v = uv - \int v\mathrm{d}u.$$

该公式称为**分部积分公式**. 下面我们利用分部积分公式解决一些不定积分.

扫一扫可见微课
"不定积分的分部积分法"

小贴士

分部积分一般适用于两种题型:

一是被积函数是五大类基本初等函数中两个不同类型的函数之积;

二是被积函数中有导数,根据微分的算法,可以很方便把导数置后凑微分去.

例 4. 2. 21　求 $\int x\cos x\mathrm{d}x$.

解　设 $u=x, \mathrm{d}v=\cos x\mathrm{d}x=\mathrm{d}(\sin x)$,于是 $\mathrm{d}u=\mathrm{d}x, v=\sin x$,代入公式有

$$\int x\cos x\mathrm{d}x = \int x\mathrm{d}(\sin x) = x\sin x - \int \sin x\mathrm{d}x = x\sin x + \cos x + C.$$

小贴士

1. 熟悉了分部积分公式后,可以不明确写出 $u, \mathrm{d}v$,而直接按公式做.

2. 本题若设 $u=\cos x, \mathrm{d}v=x\mathrm{d}x$,则有 $\mathrm{d}u=-\sin x\mathrm{d}x$ 及 $v=\frac{1}{2}x^2$,代入公式后,

得到 $\int x\cos x\mathrm{d}x = \frac{1}{2}x^2\cos x + \frac{1}{2}\int x^2\sin x\mathrm{d}x$. 新得到的积分 $\int x^2\sin x\mathrm{d}x$ 反而比原积分

更难求,说明这样设 $u, \mathrm{d}v$ 是不合适的. 由此可见,运用分部积分法应遵循原则:如果

条件许可,尽量避免将幂函数置后凑微分.

例 4. 2. 22　求 $\int x^2 \mathrm{e}^x \mathrm{d}x$.

解　$\int x^2 \mathrm{e}^x \mathrm{d}x = \int x^2 \mathrm{d}(\mathrm{e}^x) = x^2 \mathrm{e}^x - \int \mathrm{e}^x \mathrm{d}(x^2)$

$= x^2 \mathrm{e}^x - 2\int x\mathrm{e}^x \mathrm{d}x$　（对 $\int x\mathrm{e}^x \mathrm{d}x$ 再用一次分部积分公式）

$$= x^2 \mathrm{e}^x - 2\left(x\mathrm{e}^x - \int \mathrm{e}^x \mathrm{d}x\right) = x^2 \mathrm{e}^x - 2x\mathrm{e}^x + 2\mathrm{e}^x + C$$
$$= (x^2 - 2x + 2)\mathrm{e}^x + C.$$

例 4.2.23　求 $\displaystyle\int 2x\arctan x \mathrm{d}x.$

分析　主观上不想把幂函数置后凑微分,但不知道 $\arctan x$ 的原函数是什么,所以先尝试将幂函数置后凑微分试试看.

解　$\displaystyle\int 2x\arctan x \mathrm{d}x = \int \arctan x \mathrm{d}(x^2) = x^2\arctan x - \int x^2 \mathrm{d}(\arctan x)$

$$= x^2\arctan x - \int \frac{x^2}{1+x^2}\mathrm{d}x = x^2\arctan x - x + \arctan x + C.$$

请思考

$\displaystyle\int \arcsin x \mathrm{d}x, \int \arctan x \mathrm{d}x$ 应该如何积分呢?

例 4.2.24　求 $\displaystyle\int x^3 \ln x \mathrm{d}x.$

解　$\displaystyle\int x^3 \ln x \mathrm{d}x = \int \ln x \mathrm{d}\left(\frac{x^4}{4}\right) = \frac{x^4}{4}\ln x - \int \frac{x^4}{4}\mathrm{d}(\ln x)$

$$= \frac{x^4}{4}\ln x - \frac{1}{4}\int x^4 \frac{1}{x}\mathrm{d}x = \frac{x^4}{4}\ln x - \frac{1}{4}\int x^3 \mathrm{d}x = \frac{x^4}{4}\ln x - \frac{1}{16}x^4 + C.$$

> **小贴士**
>
> 对不定积分的方法做个总结:
> 凑微分是最基本也是最重要的积分方法.第二类换元积分法针对的题目有显著的特点,被积函数带有根式.分部积分法解决的问题也有特点,是两个不同类的函数相乘的形式或者带有导数.而且,从上面例题可以看出,在运用了三角代换、根式代换或者分部积分的方法后,都是化为凑好的微分.如果凑好的微分简单些,整个题目就显得简单;如果凑好的微分复杂些,整个题目就稍微复杂些了.所以凑微分是关键,比较灵活,针对的题型也没有固定形式,需要多加练习.

四、定积分的求法

根据牛顿-莱布尼兹公式,定积分的计算本质上就是计算被积函数的原函数,那么上面讲的不定积分的计算方法,比如换元积分法和分部积分法,如何和牛顿-莱布尼兹公式结合使用呢?我们看具体的题目.

1. 定积分的凑微分法

例 4.2.25　求 $\displaystyle\int_0^{\frac{\pi}{2}} \cos^3 x \sin x \mathrm{d}x.$

解　$\displaystyle\int_0^{\frac{\pi}{2}} \cos^3 x \sin x \mathrm{d}x = -\int_0^{\frac{\pi}{2}} \cos^3 x \mathrm{d}\cos x = \left[-\frac{1}{4}\cos^4 x\right]_0^{\frac{\pi}{2}} = \frac{1}{4}.$

例 4.2.26 计算 $\int_0^{\ln3} e^x (1+e^x)^2 dx$.

解
$$\int_0^{\ln3} e^x (1+e^x)^2 dx = \int_0^{\ln3} (1+e^x)^2 d(1+e^x)$$
$$= \frac{1}{3}(1+e^x)^3 \Big|_0^{\ln3}$$
$$= \frac{1}{3}[(1+e^{\ln3})^3 - (1+e^0)^3] = \frac{56}{3}.$$

小贴士 可以看出利用凑微分法计算定积分，跟不定积分的凑微分法没有区别，原函数算出来后把积分上下限代进去，计算函数值的增量就可以了.

2. 定积分的第二换元法

例 4.2.27 求 $\int_0^3 \frac{x}{\sqrt{1+x}} dx$.

解 令 $\sqrt{1+x}=t$，则 $x=t^2-1$，$dx=2tdt$，当 $x=0$ 时，$t=1$，当 $x=3$ 时，$t=2$，于是
$$\int_0^3 \frac{x}{\sqrt{1+x}} dx = \int_1^2 \frac{t^2-1}{t} \cdot 2tdt = 2\int_1^2 (t^2-1)dt = 2\left[\frac{1}{3}t^3-t\right]_1^2 = \frac{8}{3}.$$

例 4.2.28 设 $f(x)$ 在区间 $[-a,a]$ 上连续，证明：

(1) 如果 $f(x)$ 为奇函数，则 $\int_{-a}^a f(x)dx = 0$；

(2) 如果 $f(x)$ 为偶函数，则 $\int_{-a}^a f(x)dx = 2\int_0^a f(x)dx$.

这个结论是定积分的性质，下面我们给出严格的证明.

证明 由定积分的区间可加性知
$$\int_{-a}^a f(x)dx = \int_{-a}^0 f(x)dx + \int_0^a f(x)dx,$$

对于定积分 $\int_{-a}^0 f(x)dx$，作代换 $x=-t$，得
$$\int_{-a}^0 f(x)dx = -\int_a^0 f(-t)dt = \int_0^a f(-t)dt = \int_0^a f(-x)dx,$$

所以
$$\int_{-a}^a f(x)dx = \int_0^a f(-x)dx + \int_0^a f(x)dx = \int_0^a [f(x)+f(-x)]dx.$$

(1) 如果 $f(x)$ 为奇函数，即 $f(-x)=-f(x)$，则 $f(x)+f(-x)=f(x)-f(x)=0$，于是 $\int_{-a}^a f(x)dx = 0$.

(2) 如果 $f(x)$ 为偶函数，即 $f(-x)=f(x)$，则 $f(x)+f(-x)=f(x)+f(x)=2f(x)$，于是 $\int_{-a}^a f(x)dx = 2\int_0^a f(x)dx$.

第二换元法引入了新的变量,那么积分变量的变化范围自然也要跟着调整.而调整了变量的变化范围后,就不必再像不定积分计算时那样,再回代用原来的积分变量来表示结果.简而言之,记住一句话"换元必换限,换限不回代".

3. 分部积分法

例 4. 2. 29　求 $\int_1^2 x\ln x\mathrm{d}x$.

解　$\int_1^2 x\ln x\mathrm{d}x = \frac{1}{2}\int_1^2 \ln x\mathrm{d}(x^2) = \frac{1}{2}x^2\ln x\Big|_1^2 - \frac{1}{2}\int_1^2 x^2\mathrm{d}(\ln x)$

　　　$= 2\ln 2 - \frac{1}{2}\int_1^2 x\mathrm{d}x = 2\ln 2 - \frac{1}{4}x^2\Big|_1^2 = 2\ln 2 - \frac{3}{4}$.

例 4. 2. 30　求 $\int_0^\pi x\sin x\mathrm{d}x$.

解　$\int_0^\pi x\sin x\mathrm{d}x = -\int_0^\pi x\mathrm{d}\cos x = -x\cos x\Big|_0^\pi + \int_0^\pi \cos x\mathrm{d}x$

　　　$= \pi + \sin x\Big|_0^\pi = \pi$.

例 4. 2. 31　求 $\int_0^1 \mathrm{e}^{\sqrt{x}}\mathrm{d}x$.

解　令 $\sqrt{x}=t$,则 $x=t^2$, $\mathrm{d}x=2t\mathrm{d}t$. 当 $x=0$ 时, $t=0$;当 $x=1$ 时, $t=1$. 于是

$$\int_0^1 \mathrm{e}^{\sqrt{x}}\mathrm{d}x = 2\int_0^1 t\mathrm{e}^t\mathrm{d}t = 2\int_0^1 t\mathrm{d}\mathrm{e}^t = 2t\mathrm{e}^t\Big|_0^1 - 2\int_0^1 \mathrm{e}^t\mathrm{d}t$$

$$= 2\mathrm{e} - 2\mathrm{e}^t\Big|_0^1 = 2\mathrm{e} - 2\mathrm{e} + 2 = 2.$$

此题先利用换元积分法,然后应用分部积分法.

总结一下定积分的计算方法:

凑微分和分部积分法没有引入新的变量,解题过程和不定积分计算几乎没有区别,求出原函数后代入积分上下限,算出增量就可以了.

第二换元积分法引入了新的变量,那么积分变量的变化范围自然也要跟着调整.记住一句话"换元必换限,换限不回代".

五、反常积分

前面讨论定积分的概念时,要求函数的定义域只能是有限区间 $[a,b]$,并且被积函数在积分区间上是有界的.但是在实际积分问题中,还会遇到被积函数的定义域是无穷区间 $[a,+\infty)$, $(-\infty,a]$ 或 $(-\infty,+\infty)$,或被积函数为无界的情况.前者称为无穷区间上的积分或无穷限积分;后者称为无界函数的积分,又称为**瑕积分**.一般地,我们把这两种情况下的积分统称为**广义积分**,而前面讨论的定积分称为**常义积分**.本节将介绍广义积分中的无

穷限积分.

定义 4.4 设函数 $f(x)$ 在区间 $[a, +\infty)$ 上连续,取 $b > a$,若极限 $\lim\limits_{b \to +\infty} \int_a^b f(x)\mathrm{d}x$ 存在,则称此极限为函数 $f(x)$ 在 $[a, +\infty)$ 上的广义积分,记作 $\int_a^{+\infty} f(x)\mathrm{d}x$,即

$$\int_a^{+\infty} f(x)\mathrm{d}x = \lim_{b \to +\infty} \int_a^b f(x)\mathrm{d}x,$$

此时也称广义积分 $\int_a^{+\infty} f(x)\mathrm{d}x$ **收敛**;如果上述极限不存在,就称 $\int_a^{+\infty} f(x)\mathrm{d}x$ **发散**.

类似地,定义 $f(x)$ 在区间 $(-\infty, b]$ 上的广义积分为 $\int_{-\infty}^b f(x)\mathrm{d}x = \lim\limits_{a \to -\infty} \int_a^b f(x)\mathrm{d}x$.

$f(x)$ 在 $(-\infty, +\infty)$ 上的广义积分定义为 $\int_{-\infty}^{+\infty} f(x)\mathrm{d}x = \int_{-\infty}^a f(x)\mathrm{d}x + \int_a^{+\infty} f(x)\mathrm{d}x$. 其中 a 为任意实数. 当且仅当上式右端两个积分同时收敛时,称广义积分 $\int_{-\infty}^{+\infty} f(x)\mathrm{d}x$ 收敛,否则称其发散.

> **小贴士** 计算无穷限积分时,牛顿-莱布尼兹公式照常适用,多一个计算极限而已.

例 4.2.32 计算广义积分:

(1) $\int_{-\infty}^{+\infty} \dfrac{\mathrm{d}x}{1+x^2}$; (2) $\int_e^{+\infty} \dfrac{\mathrm{d}x}{x\ln x}$.

解 (1) $\int_{-\infty}^{+\infty} \dfrac{\mathrm{d}x}{1+x^2} = [\arctan x]_{-\infty}^{+\infty} = \lim\limits_{x \to +\infty} \arctan x - \lim\limits_{x \to -\infty} \arctan x$

$$= \frac{\pi}{2} - \left(-\frac{\pi}{2}\right) = \pi;$$

(2) $\int_e^{+\infty} \dfrac{\mathrm{d}x}{x\ln x} = \int_e^{+\infty} \dfrac{\mathrm{d}\ln x}{\ln x} = [\ln\ln x]_e^{+\infty} = +\infty$,所以广义积分 $\int_e^{+\infty} \dfrac{\mathrm{d}x}{x\ln x}$ 发散.

习题 4.2

1. 填空:

(1) 若 $f(x)$ 的一个原函数为 $x^2 - 2^x$,求 $\int f(x)\mathrm{d}x =$ _____.

(2) 若 $f(x)$ 的一个原函数为 x^3,求 $f(x) =$ _____.

(3) 若 $\int f(x)\mathrm{d}x = \mathrm{e}^x + \sin x + C$,求 $f(x) =$ _____.

2. 求下列不定积分:

(1) $\int \left(\sin 4x + \dfrac{1}{\sqrt{x}}\cos\sqrt{x} - \mathrm{e}^{-x}\right)\mathrm{d}x$;

(2) $\int \left(\dfrac{1}{x\ln x} + \dfrac{1}{x^2}\mathrm{e}^{\frac{1}{x}} - x\mathrm{e}^{-x^2}\right)\mathrm{d}x$;

(3) $\int \dfrac{\mathrm{e}^{\arcsin x}}{\sqrt{1-x^2}}\mathrm{d}x$;

(4) $\int \dfrac{(\arctan x)^2}{1+x^2}\mathrm{d}x$;

(5) $\displaystyle\int (3x-1)^2 dx$；

(6) $\displaystyle\int \frac{1}{\sqrt[3]{3-2x}} dx$；

(7) $\displaystyle\int \frac{\sin(\sqrt{x}+1)}{\sqrt{x}} dx$；

(8) $\displaystyle\int \frac{1}{x\sqrt{1-\ln^2 x}} dx$；

(9) $\displaystyle\int x\sqrt{1-x^2} dx$；

(10) $\displaystyle\int \frac{x}{\sqrt{4-x^4}} dx$；

(11) $\displaystyle\int \frac{2x-3}{x^2-3x+4} dx$；

(12) $\displaystyle\int \frac{1}{x^2+x-2} dx$；

(13) $\displaystyle\int \frac{1}{\sqrt{1-9x^2}} dx$；

(14) $\displaystyle\int \frac{1}{1+9x^2} dx$；

(15) $\displaystyle\int \frac{2x}{\sqrt{1-x^2}} dx$；

(16) $\displaystyle\int \frac{x}{9+4x^2} dx$；

(17) $\displaystyle\int \sin^2 x \cos^3 x dx$；

(18) $\displaystyle\int \frac{\sin^4 x}{\cos^2 x} dx$；

(19) $\displaystyle\int \tan^3 x dx$；

(20) $\displaystyle\int \frac{e^x}{\sqrt{1-e^{2x}}} dx$；

(21) $\displaystyle\int \sin^{10} x \cos x dx$；

(22) $\displaystyle\int \cos^5 x \sin 2x dx$.

3. 求下列不定积分：

(1) $\displaystyle\int \frac{\sqrt{x+1}}{1+\sqrt{1+x}} dx$；

(2) $\displaystyle\int \frac{1}{1+\sqrt[3]{x+2}} dx$；

(3) $\displaystyle\int \frac{1}{\sqrt{x}+\sqrt[4]{x}} dx$；

(4) $\displaystyle\int \frac{1}{\sqrt{x}+\sqrt[3]{x}} dx$.

4. 求下列不定积分：

(1) $\displaystyle\int \sqrt{4-x^2} dx$；

(2) $\displaystyle\int \frac{x^2}{\sqrt{1-x^2}} dx$；

(3) $\displaystyle\int \frac{1}{x^2\sqrt{1+x^2}} dx$；

(4) $\displaystyle\int \frac{1}{\sqrt{4x^2+9}} dx$.

5. 求下列不定积分：

(1) $\displaystyle\int x\cos 3x dx$；

(2) $\displaystyle\int x\sin 5x dx$；

(3) $\displaystyle\int x e^{3x} dx$；

(4) $\displaystyle\int x^2 e^{2x} dx$；

(5) $\displaystyle\int \arctan x dx$；

(6) $\displaystyle\int \arcsin x dx$.

6. 求下列定积分的值：

(1) $\displaystyle\int_0^1 x^{100} dx$；

(2) $\displaystyle\int_0^1 e^x dx$；

(3) $\displaystyle\int_0^1 5^x dx$；

(4) $\displaystyle\int_0^{\frac{\pi}{2}} 3\sin x dx$；

(5) $\displaystyle\int_0^2 |1-x| dx$；

(6) $\displaystyle\int_0^{2\pi} |\cos x| dx$.

7. 求下列定积分的值：

(1) $\displaystyle\int_{-2}^{-1} \dfrac{\mathrm{d}x}{(11+5x)^3}$；

(2) $\displaystyle\int_{2}^{-13} \dfrac{\mathrm{d}x}{\sqrt[5]{(3-x)^4}}$；

(3) $\displaystyle\int_{0}^{\frac{\pi}{2}} \cos^5 x \sin 2x \,\mathrm{d}x$；

(4) $\displaystyle\int_{1}^{e} \dfrac{1+\ln x}{x}\mathrm{d}x$；

(5) $\displaystyle\int_{-2}^{0} \dfrac{\mathrm{d}x}{x^2+2x+2}$；

(6) $\displaystyle\int_{0}^{1} \dfrac{x^{\frac{3}{2}}}{1+x}\mathrm{d}x$；

(7) $\displaystyle\int_{1}^{\sqrt{3}} \dfrac{\mathrm{d}x}{x\sqrt{x^2+1}}$；

(8) $\displaystyle\int_{1}^{e^2} \dfrac{\mathrm{d}x}{x\sqrt{1+\ln x}}$．

8. 求下列定积分：

(1) $\displaystyle\int_{0}^{\frac{\pi}{2}} x\sin x \,\mathrm{d}x$；

(2) $\displaystyle\int_{0}^{1} x e^{2x} \,\mathrm{d}x$；

(3) $\displaystyle\int_{\frac{1}{e}}^{e} |\ln x| \,\mathrm{d}x$；

(4) $\displaystyle\int_{0}^{\sqrt{3}} 2x \arctan x \,\mathrm{d}x$．

9. 求下列广义积分：

(1) $\displaystyle\int_{1}^{+\infty} \dfrac{\mathrm{d}x}{x^2}$；

(2) $\displaystyle\int_{-\infty}^{0} \dfrac{1}{1-x}\mathrm{d}x$．

第三节　定积分的应用

上一节讨论了定积分的概念及计算方法，本节在此基础上进一步来研究它的应用．定积分的应用很广泛，本节介绍定积分在几何上的应用．

一、定积分计算平面图形面积

一般说来，用定积分解决实际问题时，通常用微元法，按以下步骤来进行：

第一步　确定积分变量 x，并求出相应的积分区间 $[a,b]$；

第二步　在区间 $[a,b]$ 上任取一个小区间 $[x,x+\mathrm{d}x]$，并在小区间上找出所求量 F 的微元 $\mathrm{d}F=f(x)\mathrm{d}x$；

第三步　写出所求量 F 的积分表达式 $F=\displaystyle\int_{a}^{b}f(x)\mathrm{d}x$，然后计算它的值．

下面用定积分求平面图形的面积：求由两条曲线 $y=f(x)$，$y=g(x)$（$f(x)\geqslant g(x)$）及直线 $x=a$，$x=b$ 所围成平面的面积 A（如图 4-7）．

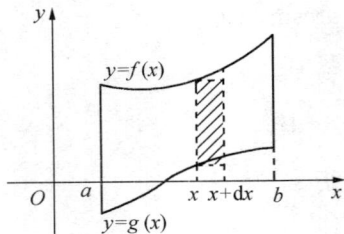

图 4-7

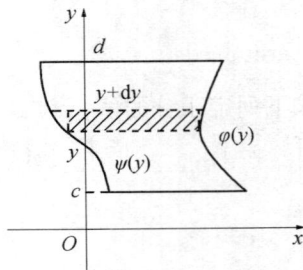

图 4-8

下面用微元法求面积 A.

第一步 取 x 为积分变量,$x \in [a,b]$.

第二步 在区间 $[a,b]$ 上任取一小区间 $[x, x+\mathrm{d}x]$,该区间上小曲边梯形的面积 $\mathrm{d}A$ 可以用高 $f(x)-g(x)$,底边为 $\mathrm{d}x$ 的小矩形的面积近似代替,从而得面积元素:

$$\mathrm{d}A = [f(x)-g(x)]\mathrm{d}x.$$

第三步 写出积分表达式,即

$$A = \int_a^b [f(x)-g(x)]\mathrm{d}x.$$

求由两条曲线 $x=\psi(y), x=\varphi(y)\,(\psi(y) \leqslant \varphi(y))$ 及直线 $y=c, y=d$ 所围成的平面图形(如图 4-8)的面积. 这里取 y 为积分变量,$y \in [c,d]$,用类似的方法可以推出:

$$A = \int_c^d [\varphi(y)-\psi(y)]\mathrm{d}y.$$

例 4.3.1 求由 $y^2=x, y=x^2$ 所围成的图形的面积 A.

解 所给两条抛物线围成的图形如图 4-9 所示,为了具体定出图形所在范围,先求出这两条曲线的交点.

由 $\begin{cases} y^2=x \\ y=x^2 \end{cases}$ 得 $\begin{cases} x=0 \\ y=0 \end{cases}$ 或 $\begin{cases} x=1 \\ y=1 \end{cases}$,所以所求面积为:

$$A = \int_0^1 (\sqrt{x}-x^2)\mathrm{d}x = \left[\frac{2}{3}x^{\frac{3}{2}}-\frac{x^3}{3}\right]_0^1 = \frac{2}{3}-\frac{1}{3} = \frac{1}{3}.$$

例 4.3.2 求由 $y^2=2x, y=x-4$ 所围图形的面积 A.

解 围成的图形如图 4-10 所示,先求出这两条曲线的交点确定出图形所在的范围.

由 $\begin{cases} y^2=2x \\ y=x-4 \end{cases}$ 得 $\begin{cases} x=2 \\ y=-2 \end{cases}$ 或 $\begin{cases} x=8 \\ y=4 \end{cases}$.

选取 y 为积分变量,应用公式得:

$$A = \int_{-2}^4 \left[(y+4)-\frac{1}{2}y^2\right]\mathrm{d}y = \left[\frac{1}{2}y^2+4y-\frac{y^3}{6}\right]_{-2}^4 = 18.$$

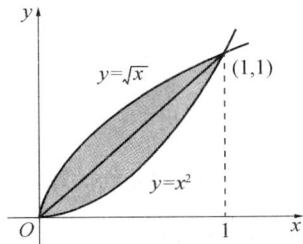

图 4-9

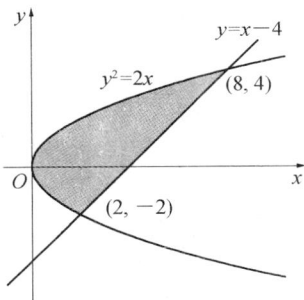

图 4-10

例 4.3.3 求曲线 $y=\cos x$ 与 $y=\sin x$ 在区间 $[0,\pi]$ 上所围平面图形的面积.

解 如图 4 - 11 所示,曲线 $y = \cos x$ 与 $y = \sin x$ 的交点坐标为 $\left(\dfrac{\pi}{4}, \dfrac{\sqrt{2}}{2}\right)$,选取 x 作为积分变量,$x \in [0, \pi]$,于是,所求面积为

$$A = \int_0^{\frac{\pi}{4}} (\cos x - \sin x) \mathrm{d}x + \int_{\frac{\pi}{4}}^{\pi} (\sin x - \cos x) \mathrm{d}x$$

$$= (\sin x + \cos x) \Big|_0^{\frac{\pi}{4}} + (-\cos x - \sin x) \Big|_{\frac{\pi}{4}}^{\pi} = 2\sqrt{2}.$$

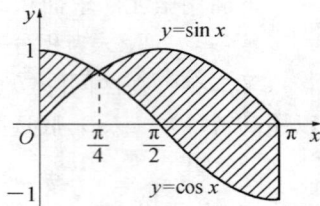

图 4 - 11

二、定积分在经济分析中的应用

利用定积分可以由经济量的边际函数求总量函数或该经济量在某个区间上的总量.已知总收益函数 $R = R(Q)$,总成本函数 $C = C(Q)$(统称总函数),由微分法可得到边际收益函数、边际成本函数(统称边际函数)

$$MR = \frac{\mathrm{d}R}{\mathrm{d}Q}, \quad MC = \frac{\mathrm{d}C}{\mathrm{d}Q}.$$

由于积分法是微分法的逆运算,因此,积分法能使我们由边际函数推得总函数.

若已知边际收益函数 MR 和边际成本函数 MC,可用不定积分表示总收益函数和总成本函数.

产量由 a 个单位改变到 b 个单位时,总收益的改变量、总成本的改变量分别用下式计算:

$$\int_a^b MR \, \mathrm{d}Q;$$

$$\int_a^b MC \, \mathrm{d}Q.$$

例 4.3.4 已知企业生产某产品的总产量的变化率为

$$Q'(t) = 4t - 0.3t^2,$$

$0 \leqslant t \leqslant 12$,分别求该企业上半年和下半年的总产量.

解 由题意知,该企业上半年的总产量为

$$Q_1 = \int_0^6 Q'(t) \mathrm{d}t = \int_0^6 (4t - 0.3t^2) \mathrm{d}t = (2t^2 - 0.1t^3) \Big|_0^6 = 50.4,$$

下半年的总产量为

$$Q_2 = \int_6^{12} Q'(t) \mathrm{d}t = \int_6^{12} (4t - 0.3t^2) \mathrm{d}t = (2t^2 - 0.1t^3) \Big|_6^{12} = 64.8.$$

例 4.3.5 已知一个企业每日的边际收入与边际成本是日产量 x 的函数,即

$$R'(x) = 104 - 8x,$$

$$C'(x) = x^2 - 8x + 40.$$

如果日固定成本为 250 元,试求:(1) 日总利润数 $L(x)$;(2) 日获利最大时的产量.

解 (1) 日总收入函数为

$$R(x) = \int_0^x R'(t) \mathrm{d}t = \int_0^x (104 - 8t) \mathrm{d}t = 104x - 4x^2.$$

由于日固定成本为 250 元,即 $C(0) = 250$,因此,日总成本函数为

$$C(x) = [C(x) - C(0)] + C(0) = \int_0^x C'(t) \mathrm{d}t + C(0)$$
$$= \int_0^x (t^2 - 8t + 40) \mathrm{d}t + 250$$
$$= \frac{1}{3} x^3 - 4x^2 + 40x + 250.$$

于是,日总利润函数为

$$L(x) = R(x) - C(x)$$
$$= 104x - 4x^2 - \left(\frac{1}{3} x^3 - 4x^2 + 40x + 250 \right)$$
$$= -\frac{1}{3} x^3 + 64x - 250.$$

(2) 日获利最大时的产量,即为 $L(x)$ 的最大值点,令

$$L'(x) = 64 - x^2 = 0,$$

可得区间 $(0, +\infty)$ 内的唯一驻点 $x = 8$. 又 $L''(8) = -2x \Big|_{x=8} < 0$,因此,当 $x = 8$ 时,$L(x)$ 取极大值,这个极大值也是 $L(x)$ 的最大值,所以日获利最大时的产量为 8 个单位.

例 4.3.6 某厂购置一台机器,该机器在时刻 t 所生产出的产品,其追加盈利(追加收益减去追加生产成本)为

$$E(t) = 225 - \frac{1}{4} t^2 (万元/年).$$

在时刻 t 机器的追加维修成本为

$$F(t) = 2t^2 (万元/年).$$

在不计购置成本的情况下,工厂追求最大利润. 假设在任何时刻拆除这台机器,它都没有残余价值,使用这台机器可获得的最大利润是多少?

分析 这里追加收益就是总收益对时间 t 的变化率,追加成本就是总成本对时间 t 的变化率;而 $E(t) - F(t)$ 就是在时刻 t 的追加净利润,或者说是利润对时间的变化率.一直会追求最大利润到追加净利润为零的时刻,这是总利润,就是前面所有边际利润的积分.

解 使用这台机器,在时刻 t 的追加净利润为

$$E(t) - F(t) = 225 - \frac{9}{4} t^2 (万元/年).$$

$$E(t) - F(t) = 0,$$

即

$$225 - \frac{9}{4}t^2 = 0.$$

可解得 $t=10$（只取正值），利润最大的时刻是 $t=10$. 即到 10 年末，使用这台机器可获最大利润，最大利润总值为

$$L = \int_0^{10} [E(t) - F(t)] dt = \int_0^{10} \left(225 - \frac{9}{4}t^2\right) dt = 1\,500(万元).$$

习题 4.3

1. 求下列曲线所围成的平面图形的面积：

(1) $y = e^x, y = e^{-x}$ 与 $x = 1$；

(2) $y = \ln x, x = 0$ 与直线 $y = \ln a, y = \ln b(b > a > 0)$；

(3) $y = x^2$ 与直线 $y = x$ 及 $y = 2x$；

(4) $y = 3 - 2x - x^2$ 与 x 轴.

2. 求下列曲线所围成的图形绕指定轴旋转而成的旋转体的体积：

(1) $y = x$ 与 $x = 1, y = 0$，绕 x 轴；

(2) $x = \sqrt{y}$ 与 $y = 1, x = 0$，绕 y 轴.

3. 设某产品的边际成本和边际收益分别为

$$C'(x) = 20 + \frac{x}{3}(万元/\text{kg}),$$

$$R'(x) = 140 - x(万元/\text{kg}).$$

固定成本为 8 万元，求：

(1) 产量由 10 kg 增加到 50 kg 时，总成本与总收入各增加多少？

(2) 利润函数；

(3) 求产量为多少时，总利润最大？

第四节　数学思想方法（四）——逆向思维

一、逆向思维及特点

　　思维就是人的理性认识的过程. 最简单的思维方向是线性方向，根据思维过程的指向性，可将思维分为常规思维（正向思维）和逆向思维两种模式. 逆向思维是根据一个概念、原理、思想、方法及研究对象的特点，把常规的思维方向倒过来，从它的相反或否定的方面进行思考，寻找解决问题的方法. 如中国古代"司马光砸缸"就是典型的逆向思维典范：把常规的思维模式"救人离水"变为逆向思维模式"让水离人".

　　逆向思维能够克服思维定势的保守性，能帮助我们克服正向思维中出现的困难，寻找新

的思路、新的方法,开拓新的知识领域,在探索中敢于标新立异而不循规蹈矩.

逆向思维是创造性思维的组成部分,具有如下特点:

1. 普遍性

逆向性思维在各种领域、各种活动中都有适用性,由于对立统一规律是普遍适用的,而对立统一的形式又是多种多样的,有一种对立统一的形式,相应地就有一种逆向思维的角度,所以逆向思维也有多种形式.如性质上对立两极的转换:软与硬、高与低等;结构、位置上的颠倒:上与下、左与右等;过程上的逆转:气态变液态或液态变气态、电转为磁或磁转为电等.不论哪种方式,只要从一个方面想到与之对立的另一方面,都是逆向思维.

2. 批判性

逆向是与正向比较而言的,正向是指常规的、常识的、公认的或习惯的想法与做法.逆向思维则恰恰相反,是对传统、惯例、常识的反叛,是对常规的挑战.它能够克服思维定势,破除由经验和习惯造成的僵化的认识模式.逆向思维内涵要求逆向思维只能是少数人的思维,如果一种逆向思维模式为大多数人掌握了,那自然成了正向思维了.

3. 新颖性

循规蹈矩的思维和按传统方式解决问题虽然简单,但容易使思路僵化、刻板,摆脱不掉习惯的束缚,得到的往往是一些司空见惯的答案.其实,任何事物都具有多方面属性,由于受过去经验的影响,人们容易看到熟悉的一面,而对另一面却视而不见.逆向思维能克服这一障碍,往往出人意料,给人以耳目一新的感觉.

二、逆向思维在微积分中的应用举例

1. 定义的逆向思维应用

微积分中定义中的逆向思维的例子非常多,比如反函数概念的建立,就是将函数的定义进行逆向思维的结果;原函数与导函数的逆向思维定义,决定了求不定积分运算与求导数运算互为逆运算.下面再举两个例子,我们可以用定积分来求某些极限.

例 4.4.1 求极限 $\lim\limits_{n\to+\infty}\left(\dfrac{1}{n+1}+\dfrac{1}{n+2}+\cdots+\dfrac{1}{n+n}\right)$.

解 这是一个无限个无穷小之和的极限问题,常用的方法很难求极限. $\lim\limits_{n\to+\infty}\left(\dfrac{1}{n+1}+\dfrac{1}{n+2}+\cdots+\dfrac{1}{n+n}\right)=\lim\limits_{n\to+\infty}\dfrac{1}{n}\cdot\left(\dfrac{1}{1+\dfrac{1}{n}}+\dfrac{1}{1+\dfrac{2}{n}}+\cdots+\dfrac{1}{1+\dfrac{n}{n}}\right)=\lim\limits_{n\to+\infty}\dfrac{1}{n}\sum\limits_{i=1}^{n}\dfrac{1}{1+\dfrac{i}{n}}$,考

虑 $f(x)=\dfrac{1}{1+x}$, $0\leqslant x\leqslant 1$,由定积分定义可知,极限为定积分 $\displaystyle\int_{0}^{1}\dfrac{1}{1+x}\mathrm{d}x=\ln2$.

请思考

本例中能否考虑 $f(x)=\dfrac{1}{x}$, $1\leqslant x\leqslant 2$?

导数是用极限来定义的,利用导数反过来也可求某些极限.

例 4.4.2 求极限 $\lim\limits_{x\to0}\dfrac{\sqrt{1+\tan x}-\sqrt{1-\tan x}}{x}$.

解　$\lim\limits_{x \to 0} \dfrac{\sqrt{1+\tan x} - \sqrt{1-\tan x}}{x} = \lim\limits_{x \to 0} \left(\dfrac{\sqrt{1+\tan x} - 1}{x} - \dfrac{\sqrt{1-\tan x} - 1}{x} \right)$

$= (\sqrt{1+\tan x})' \Big|_{x=0} - (\sqrt{1-\tan x})' \Big|_{x=0} = \dfrac{1}{2} + \dfrac{1}{2} = 1.$

2. 公式性质的逆向思维应用

微积分公式性质中的逆向思维的例子也很多，比如不定积分公式就可以利用求导公式反过来记忆，再比如，定积分的几何性质是曲边梯形面积，利用定积分的几何性质可以求定积分.

例 4.4.3　计算定积分 $\displaystyle\int_0^1 \sqrt{2x - x^2}\,\mathrm{d}x.$

解　因为所求积分可整理为 $\displaystyle\int_0^1 \sqrt{1 - (x-1)^2}\,\mathrm{d}x$，而 $y = \sqrt{1 - (x-1)^2} \geqslant 0, x \in [0,$ $1]$ 表示 x 轴上方的圆心在 $(1,0)$、半径为 1 的四分之一圆周，故由定积分几何意义可知定积分值为 $\dfrac{\pi}{4}$.

3. 运算的逆向思维应用

求不定积分的凑微分法，其实就是求导运算中复合函数求导法则的逆运算. 另外，定积分的分部积分法，其实就是乘积微分法则的逆运算.

例 4.4.4　设函数 $u = u(x), v = v(x)$ 具有连续的导数，根据乘法求导法则有 $\mathrm{d}(uv) = u\mathrm{d}v + v\mathrm{d}u$，因此，有 $u\mathrm{d}v = \mathrm{d}(uv) - v\mathrm{d}u$，再两边积分得

$$\int_a^b u\,\mathrm{d}v = \int_a^b \mathrm{d}(uv) - \int_a^b v\,\mathrm{d}u = (uv)\Big|_a^b - \int_a^b v\,\mathrm{d}u.$$

复习题四

一、填空题

1. 当 $f(x) \geqslant 0$ 时，区间 $[a,b]$ 上定积分 $\displaystyle\int_a^b f(x)\,\mathrm{d}x$ 的数值表示曲线 $y = f(x)$，直线 $x = a, x = b$ 及 x 轴所围成的 _____ 的面积.

2. 试用定积分的几何意义计算 $\displaystyle\int_2^5 \mathrm{d}x = $ _____，$\displaystyle\int_{-2}^2 \sqrt{4 - x^2}\,\mathrm{d}x = $ _____.

3. $\cos x$ 是 $\sin x$ 的导函数，而 $\sin x$ 是 $\cos x$ 的一个 _____.

4. 已知不定积分 $\displaystyle\int f(x)\,\mathrm{d}x = 2x^2 + C$，则 $f(x) = $ _____.

5. $\displaystyle\int (2 + \sqrt{x})\,\mathrm{d}x = $ _____，$\displaystyle\int \left(e^x - \dfrac{1}{2x} \right)\mathrm{d}x = $ _____.

6. 如果 $a > 1$，已知 $\displaystyle\int_0^1 x^a\,\mathrm{d}x = \dfrac{1}{4}$，则 $a = $ _____.

7. $\displaystyle\int_{-2}^2 x^2 \sin 3x\,\mathrm{d}x = $ _____.

8. $\displaystyle\int_1^e \ln x\,\mathrm{d}x = $ _____.

二、单项选择题

1. 无论 a,b 取何值,当 $f(x) \geqslant 0$ 时,定积分 $\int_a^b f(x)\mathrm{d}x$ 的数值( ).

　　A. 必大于零　　　　　　　　　　B. 必等于零

　　C. 必小于零　　　　　　　　　　D. 以上情况都有可能

2. 函数 $\sin 2x$ 的一个原函数是( ).

　　A. $\dfrac{1}{2}\sin 2x$　　　B. $\sin^2 x$　　　　C. $\cos^2 x$　　　　D. $\dfrac{1}{2}\cos 2x$

3. 当 $x > 0$ 时, $\displaystyle\int \dfrac{\ln x}{x}\mathrm{d}x = ($ 　　 $)$.

　　A. $\ln|\ln x| + C$　　　　　　　　B. $\ln\ln|x| + C$

　　C. $\dfrac{1}{2}\ln^2 x + C$　　　　　　　D. $\dfrac{1}{2}\ln|\ln x| + C$

4. 在定积分的区间可加性 $\displaystyle\int_a^b f(x)\mathrm{d}x = \int_a^c f(x)\mathrm{d}x + \int_c^b f(x)\mathrm{d}x$ 中, c 的取值( ).

　　A. 必有 $a < c < b$　　　　　　　B. 必有 $b < c < a$

　　C. 只能为零　　　　　　　　　　D. 可为任意一个实数

5. $\displaystyle\int \cos^2 x\mathrm{d}x = ($ 　　 $)$.

　　A. $\dfrac{1}{2}x + \dfrac{1}{4}\sin 2x + C$　　　　　　B. $\dfrac{1}{2}x - \dfrac{1}{4}\sin 2x + C$

　　C. $\dfrac{1}{2}x + \dfrac{1}{4}\cos 2x + C$　　　　　　D. $\dfrac{1}{2}x - \dfrac{1}{4}\cos 2x + C$

6. $\displaystyle\int_{-\infty}^{+\infty} \dfrac{1}{1+x^2}\mathrm{d}x = ($ 　　 $)$.

　　A. $\dfrac{\pi}{2}$　　　　　B. $-\dfrac{\pi}{2}$　　　　　C. π　　　　　D. 发散

三、计算题

1. 利用直接积分法求下列积分:

(1) $\displaystyle\int \sqrt{x}(x+2)\mathrm{d}x$;

(2) $\displaystyle\int \dfrac{x^3 + 5x - 3}{x^2}\mathrm{d}x$;

(3) $\displaystyle\int \sec x(\sec x - \tan x)\mathrm{d}x$;

(4) $\displaystyle\int \mathrm{e}^x\left(1 - \dfrac{\mathrm{e}^{-x}}{\sqrt{x}}\right)\mathrm{d}x$;

(5) $\displaystyle\int_1^2 x^3\mathrm{d}x$;

(6) $\displaystyle\int_1^3 \left(x + \dfrac{1}{x}\right)^2\mathrm{d}x$;

(7) $\displaystyle\int_0^1 (2x^2 + \mathrm{e}^x)\mathrm{d}x$;

(8) $\displaystyle\int_0^1 a^x\mathrm{e}^x\mathrm{d}x$;

(9) $\displaystyle\int_0^{\frac{\pi}{4}} \tan^2\theta\mathrm{d}\theta$.

2. 利用凑微分法求下列积分:

(1) $\displaystyle\int (4x - 5)^3\mathrm{d}x$;

(2) $\displaystyle\int \dfrac{1}{\sqrt{1+3x}}\mathrm{d}x$;

(3) $\int e^{3t+2} dt$；

(4) $\int e^x \sin(e^x) dx$；

(5) $\int_{-3}^{-2} \dfrac{1}{1+x} dx$；

(6) $\int_0^{\pi} \sin^3 x dx$；

(7) $\int_2^8 \dfrac{1}{x\ln x} dx$；

(8) $\int_0^1 \dfrac{\arctan x}{1+x^2} dx$．

3. 设 $f(x) = \begin{cases} e^x & x \leqslant 1 \\ x^2 & x > 1 \end{cases}$，计算 $\int_0^2 f(x) dx$．

4. 利用换元积分求下列定积分：

(1) $\int_1^4 \dfrac{1}{1+\sqrt{x}} dx$；

(2) $\int_1^{\sqrt{3}} \dfrac{dx}{x^2 \sqrt{1+x^2}}$；

(3) $\int_1^5 \dfrac{\sqrt{x-1}}{x} dx$；

(4) $\int_0^1 \dfrac{x^2 dx}{\sqrt{4-x^2}}$；

(5) $\int_0^{\frac{1}{2}} \dfrac{x}{\sqrt{1-x^2}} dx$；

(6) $\int_0^{\ln 2} \sqrt{e^x - 1} dx$．

5. 利用分部积分法求下列定积分：

(1) $\int_0^1 \arctan x dx$；

(2) $\int_0^{\frac{\pi}{2}} e^x \cos x dx$；

(3) $\int_1^e \ln x dx$；

(4) $\int_0^1 x^3 e^{x^2} dx$．

6. 求广义积分：

(1) $\int_1^{+\infty} \dfrac{dx}{\sqrt{x}}$；

(2) $\int_0^{+\infty} e^{-\pi x} dx$．

四、综合题

1. 求由曲线 $y = x^2$ 与直线 $y = 2x$ 所围成的平面图形的面积．

2. 求由曲线 $y = \dfrac{1}{2} x^2$ 与 $x^2 + y^2 = 8$ 所围成的平面图形的面积（两部分都要算）．

3. 求由曲线 $y = e^x$，直线 $x = 1$ 及 x 轴所围成的开口平面图形的面积．

4. 求由曲线 $y = x^3$，$x = 2$，$y = 0$ 所围成的平面图形分别绕 x 轴、y 轴旋转所得的旋转体的体积．

5. 求由曲线 $xy = 4$，直线 $x = 1$，$x = 4$，$y = 0$ 绕 x 轴旋转一周而形成的立体体积．

第五章 常微分方程及其应用

在十分广泛的领域内,许多问题的数学描述会涉及一个含有自变量、未知函数及其导数或微分的关系式,这种关系式就是微分方程. 微分方程是研究函数变化规律的有力工具,在科技、工程、生态、环境、人口、交通、经济管理等各个领域有着广泛的应用.本章主要介绍微分方程的基本概念及几种常见类型微分方程的解法.

【曲线切线的斜率案例】

一曲线通过坐标原点,且曲线上任一点处的切线斜率等于该点横坐标的平方,求该曲线的方程.

解 设所求曲线方程为 $y=y(x)$,根据导数的几何意义,可知未知函数应满足关系式

$$y'=x^2, \tag{5-1}$$

并且还应满足条件

$$y(0)=0. \tag{5-2}$$

将(5-1)式两端作不定积分,得

$$y=\int x^2 \mathrm{d}x=\frac{1}{3}x^3+C, \tag{5-3}$$

其中 C 是任意常数.将条件(5-2)代入式(5-3),得 $C=0$,于是所求曲线方程为

$$y=\frac{1}{3}x^3, \tag{5-4}$$

从几何上知道 $y=\frac{1}{3}x^3+C$ 是一族曲线,如图 5-1 所示,这一族曲线

可以看成是过原点的那条曲线 $y=\frac{1}{3}x^3$ 沿 y 轴平移而得的,这族曲线上所有横坐标相同点处的切线斜率都是相等的.

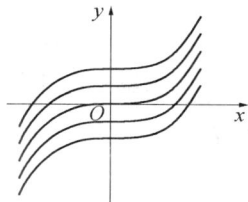

图 5-1

【自由落体案例】

一物体由静止开始从高处自由下落,已知物体下落时的重力加

速度是 g，求物体下落的位置 s 与时间 t 之间的函数关系.

解 由题意取物体开始下落处为坐标原点，s 轴垂直向下（如图 $5-2$），因为加速是位置函数 $s(t)$ 对时间 t 的二阶导数，根据题意得到 $s(t)$ 与时间 t 之间的关系所满足的方程为

$$\frac{\mathrm{d}^2 s}{\mathrm{d}t^2} = g, \tag{5-5}$$

且 $s(t)$ 还应满足

$$s(0) = 0, s'(0) = 0, \tag{5-6}$$

对 $(5-5)$ 式两边积分一次可得

$$\frac{\mathrm{d}s}{\mathrm{d}t} = gt + C_1, \tag{5-7}$$

再积分一次，得到

$$s = \frac{1}{2}gt^2 + C_1 t + C_2, \tag{5-8}$$

其中 C_1, C_2 是任意常数. 将条件 $(5-6)$ 代入 $(5-7)$ 和 $(5-8)$，得 $C_1 = 0, C_2 = 0$. 因此，自由落体下落距离 s 与时间 t 的关系为

$$s = \frac{1}{2}gt^2. \tag{5-9}$$

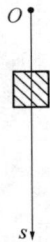

小贴士 自由落体案例中 $(5-5)$ 式含有未知函数的二阶导数，通过两次积分得到方程 $(5-5)$ 的解.

像上述例子中出现的模型的形式在许多实际问题中不胜枚举，在研究这些实际问题时，我们可根据问题的几何或物理意义得到含有未知函数的导数或微分所满足的方程. 这种方程就称为微分方程，下面我们给出微分方程的一些基本概念.

第一节　微分方程的概念

一、常微分方程的概念

定义 5.1 联系自变量、未知函数以及未知函数的导数或微分的方程称为微分方程.

如果其中的未知量只与一个自变量有关，即求解的结果是一个一元函数，就称为常微分方程，如方程 $y' = 2x, \dfrac{\mathrm{d}^2 s}{\mathrm{d}t^2} = g$. 如果未知函数是两个或两个以上自变量的函数，并且在方程中出现偏导数，就称为偏微分方程，如 $\dfrac{\partial^2 u}{\partial x^2} + \dfrac{\partial^2 u}{\partial y^2} + \dfrac{\partial^2 u}{\partial z^2} = 0$，这里未知函数 u 是三个自变量 x，

y,z 的函数.

> **小贴士** 本书所介绍的内容为常微分方程,有时就简称为微分方程.

定义 5.2 在一个常微分方程中,未知函数最高阶导数的阶数,称为**微分方程的阶**.

如 $y'=2x$ 是一阶微分方程,$\dfrac{d^2 s}{dt^2}=g$ 是二阶微分方程,$y^{(4)}+(y')^2+y=0$ 是四阶微分方程.

> **小贴士** 未知函数导数的阶数不能与未知函数的次数混淆.

定义 5.3 如果某个函数代入微分方程,能使该方程成为恒等式,则称这个函数为该**微分方程的解**.

例如,$y=\dfrac{x^3}{3}+C$ 和 $y=\dfrac{x^3}{3}$ 都是微分方程 $\dfrac{dy}{dx}=x^2$ 的解;$s=\dfrac{1}{2}gt^2+C_1t+C_2$ 和 $s=\dfrac{1}{2}gt^2$ 都是微分方程 $\dfrac{d^2 s}{dt^2}=g$ 的解.

从上述例子可以看出,微分方程的解中可以包含任意常数,其中任意常数的个数可以多到与方程的阶数相等,也可以不含任意常数. 我们把 n 阶常微分方程的含有 n 个独立的任意常数 $C_1,C_2,\cdots,C_n$ 的解 $y=\phi(x,C_1,C_2,\cdots,C_n)$ 称为该方程的**通解**. 这里所说的任意常数是**相互独立**的,是指不能通过合并而减少常数的个数. 如果方程的解 $y=\phi(x)$ 不包含任意常数,那么称它为**特解**.

> **小贴士** 特解和通解首先都是方程的解,特解中不含任意常数,而通解中含有任意常数,且含独立的任意常数的个数和微分方程的阶数相等.

用于确定通解中任意常数的条件,称为**初始条件**. 初始条件的个数与微分方程的阶数相同.

例如,求一阶微分方程 $y'=f(x,y)$ 满足初始条件 $y\big|_{x=x_0}=y_0$ 的特解这样一个问题,称为一阶微分方程的初值问题,记作

$$\begin{cases} y'=f(x,y) \\ y\big|_{x=x_0}=y_0 \end{cases}.$$

例 5.1.1 验证 $y=C_1\cos x+C_2\sin x$ 是方程 $y''+y=0$ 的通解,并求此方程满足初始条件 $y\left(\dfrac{\pi}{4}\right)=1,y'\left(\dfrac{\pi}{4}\right)=-1$ 的特解,其中 C_1,C_2 是常数.

109

解 因为 $y=C_1\cos x+C_2\sin x$，所以

$$y'=(C_1\cos x+C_2\sin x)'=-C_1\sin x+C_2\cos x,$$
$$y''=(-C_1\sin x+C_2\cos x)'=-C_1\cos x-C_2\sin x,$$

$y''+y=0$，C_1,C_2 是互相独立的任意常数，即 $y=C_1\cos x+C_2\sin x$ 是方程 $y''+y=0$ 的通解.

将初始条件 $y\left(\dfrac{\pi}{4}\right)=1,y'\left(\dfrac{\pi}{4}\right)=-1$ 代入通解，得以下方程组

$$\begin{cases}\dfrac{\sqrt{2}}{2}C_1+\dfrac{\sqrt{2}}{2}C_2=1\\[2mm]\dfrac{\sqrt{2}}{2}C_2-\dfrac{\sqrt{2}}{2}C_1=-1\end{cases},$$

解出 $C_1=\sqrt{2},C_2=0$，于是所求特解为 $y=\sqrt{2}\cos x$.

> **小贴士**　求方程的特解：一般先求出方程的通解，然后代入初始条件，确定其中的常数，得到特解.

二、可分离变量的微分方程及其解法

1. 可分离变量的微分方程

形如 $\dfrac{\mathrm{d}y}{\mathrm{d}x}=f(x)g(y)$ 的一阶微分方程，称为**可分离变量的**

微分方程，其中 $f(x),g(y)$ 为连续函数.

扫一扫可见微课
"分离变量法"

求解可分离变量方程 $\dfrac{\mathrm{d}y}{\mathrm{d}x}=f(x)g(y)$ 的步骤为：

第一步　分离变量：变方程为 $\dfrac{\mathrm{d}y}{g(y)}=f(x)\mathrm{d}x$；

第二步　两边积分：$\displaystyle\int\dfrac{\mathrm{d}y}{g(y)}=\int f(x)\mathrm{d}x$；

第三步　得通解：$G(y)=F(x)+C.$

其中 $G(y),F(x)$ 分别为 $\dfrac{1}{g(y)},f(x)$ 的某一个原函数. 我们把这种求解微分方程的方法

称为**分离变量法**.

> **小贴士**　可分离变量微分方程的求解实际是积分的过程：先分离变量，然后求出对应的积分即可.

例 5.1.2　求微分方程 $\dfrac{\mathrm{d}y}{\mathrm{d}x}=-\dfrac{x}{y}$ 的通解.

解　分离变量，得到

$$y\mathrm{d}y=-x\mathrm{d}x,$$

两边积分,即得

$$\frac{y^2}{2}=-\frac{x^2}{2}+\frac{C}{2},$$

因而通解为

$$x^2+y^2=C\ (C\text{ 是任意的正常数}).$$

例 5.1.3　求微分方程 $\dfrac{\mathrm{d}y}{\mathrm{d}x}=\dfrac{y}{x}$ 的通解.

解　分离变量,方程变为 $\dfrac{\mathrm{d}y}{y}=\dfrac{\mathrm{d}x}{x}$,

两端积分有

$$\int\frac{\mathrm{d}y}{y}=\int\frac{\mathrm{d}x}{x},$$

即得

$$\ln|y|=\ln|x|+C_1,$$

$$y=\pm\mathrm{e}^{C_1}x.$$

又因为 $\pm\mathrm{e}^{C_1}$ 是不为零的任意常数,把它简记为 C,便得到方程的通解为

$$y=Cx\ (C\neq0).$$

另外,$y=0$ 也是方程的解,所以在通解 $y=Cx$ 中,任意常数 C 可以取零,即方程的通解为

$$y=Cx\ (C\text{ 为任意常数}).$$

> **小贴士**　以后遇到等式两边积分后均出现对数这种情况,如 $\displaystyle\int\frac{\mathrm{d}y}{y}=\int\frac{\mathrm{d}x}{x}$,两边积分得 $\ln|y|=\ln|x|+\ln|C|$,化简的结果也是 $y=Cx$.

例 5.1.4　求微分方程 $xy\mathrm{d}y+\mathrm{d}x=y^2\mathrm{d}x+y\mathrm{d}y$ 的通解.

解　将方程分离变量得 $\dfrac{2y}{y^2-1}\mathrm{d}y=\dfrac{2}{x-1}\mathrm{d}x,$

两边积分 $\ln|y^2-1|=2\ln|x-1|+\ln|C|.$

故通解为 $y^2-1=C(x-1)^2\ (C\text{ 为任意常数}).$

例 5.1.5（折旧问题）　固定资产在任一时刻的折旧额与当时固定资产的价值都是成正比的. 试研究固定资产价值 p 与时间 t 的函数关系. 假定某固定资产 5 年前购买时的价格为 10 000 元,而现在的价值为 6 000 元,试估算固定资产再过 10 年后的价值.

解　设 t 时刻该固定资产的价值 $p=p(t)$,则其该时刻的折旧额就是 $\dfrac{\mathrm{d}p}{\mathrm{d}t}$. 由题意得

$$\frac{\mathrm{d}p}{\mathrm{d}t}=-kp,$$

其中 $k>0$ 为比例系数. 由于固定资产的价值 p 是随着时间 t 的增加而减少, 因而 $p(t)$ 是递减函数, 即 $\dfrac{\mathrm{d}p}{\mathrm{d}t}<0$, 所以应在 k 前添加一个负号.

分离变量, 得

$$\frac{\mathrm{d}p}{p}=-k\mathrm{d}t,$$

两边积分, 得

$$\ln p=-kt+\ln C,$$

即

$$p=C\mathrm{e}^{-kt}.$$

为便于计算, 记 5 年前的时刻为 $t=0$, 从而得初始条件

$$p(0)=10\,000,$$

代入通解, 可得 $C=10\,000$, 故原方程的特解为

$$p=10\,000\mathrm{e}^{-kt}.$$

又已知 $p(5)=6\,000$, 代入上式得

$$6\,000=10\,000\mathrm{e}^{-5k}.$$

解之, 得

$$k=\frac{1}{5}\ln\frac{5}{3},$$

因此有

$$p=10\,000\mathrm{e}^{-\frac{1}{5}\ln\frac{5}{3}\cdot t}=10\,000\left(\frac{5}{3}\right)^{-\frac{1}{5}t}.$$

这就是价值 p 与时间 t 之间的函数关系. 于是再过 10 年(即 $t=15$)该固定资产的价值为

$$p(15)=10\,000\left(\frac{5}{3}\right)^{-3}=2\,160(元).$$

> **小贴士** 用微分方程解决实际问题的基本步骤:(1)建立实际问题的数学模型,也就是建立反映这个实际问题的微分方程;(2)求解这个微分方程;(3)用所得的数学结果解释实际问题、解决实际问题.

习题 5.1

1. 指出下列微分方程的阶数:

(1) $x^2y''-xy'+y=0$;　　　　　　　　(2) $x(y')^2-2yy'+y=0$;

(3) $y^{(5)} + \sin(x+y) = y' + 3y$; 　　　　　(4) $y''y' + x^3 y' + y = 2$.

2. 验证 $e^y + C_1 = (x + C_2)^2$ 是微分方程 $y'' + (y')^2 = 2e^{-y}$ 的通解, 并求满足初始条件 $y\big|_{x=0} = 0, y'\big|_{x=0} = \dfrac{1}{2}$ 的特解.

3. 求下列微分方程的通解:

(1) $(1+x^2)y\mathrm{d}y - x(1+y^2)\mathrm{d}x = 0$; 　　　(2) $xy' - y\ln y = 0$;

(3) $\cos x \sin y \mathrm{d}x + \sin x \cos y \mathrm{d}y = 0$; 　　(4) $\dfrac{\mathrm{d}y}{\mathrm{d}x} + \dfrac{e^{y^2+3x}}{y} = 0$;

(5) $\sec^2 x \tan y \mathrm{d}x + \sec^2 y \tan x \mathrm{d}y = 0$; 　　(6) $y' = \dfrac{y}{x} + \tan \dfrac{y}{x}$.

4. 求下列微分方程满足初始条件的特解:

(1) $y' = e^{2x-y}, y\big|_{x=0} = 0$;

(2) $\cos y \mathrm{d}x + (1+e^{-x})\sin y \mathrm{d}y = 0, y\big|_{x=0} = \dfrac{\pi}{4}$.

第二节　线性微分方程的解法及应用

简单来讲, 线性微分方程是指关于未知函数及其各阶导数都是一次函数, 且不含它们之间的交叉项的微分方程. 它是常微分方程理论中发展比较完善、在实际问题中应用很广的一部分. 下面我们来介绍一阶线性微分方程及二阶常系数线性齐次微分方程的解法及应用.

一、一阶线性微分方程及其解法

定义 5.4　形如

$$\frac{\mathrm{d}y}{\mathrm{d}x} + p(x)y = q(x) \tag{5-10}$$

的方程, 称为**一阶线性微分方程**, 其中 $p(x), q(x)$ 为已知的连续函数. 其**线性**的含义是指它关于未知函数 y 及其导数 y' 的幂都是一次的.

若 $q(x) = 0$, 则方程变为

$$y' + p(x)y = 0, \tag{5-11}$$

称为**一阶线性齐次微分方程**, 简称**一阶线性齐次方程**.

若 $q(x) \neq 0$, 则称方程为**一阶线性非齐次微分方程**, 简称**一阶线性非齐次方程**. 通常把方程(5-11)称为方程(5-10)所对应的线性齐次方程.

下面分别讨论一阶线性齐次方程和一阶线性非齐次方程的求解方法.

> 小贴士
> 　　一阶线性微分方程的特点是: 右边是自变量的已知函数, 左边的每项中仅含 y 和 y' 的一次项.

1. 一阶线性齐次微分方程

线性齐次方程 $\dfrac{\mathrm{d}y}{\mathrm{d}x}+p(x)y=0$ 是一个可分离变量的方程，分离变量得

$$\frac{\mathrm{d}y}{y}=-p(x)\mathrm{d}x,$$

两边积分得

$$\int\frac{\mathrm{d}y}{y}=-\int p(x)\mathrm{d}x,$$

即

$$\ln y=-\int p(x)\mathrm{d}x+\ln C,$$

于是方程的通解为

$$y=Ce^{-\int p(x)\mathrm{d}x}.$$

> **小贴士**　这里的记号 $\int p(x)\mathrm{d}x$ 表示 $p(x)$ 的某个确定的原函数.

2. 一阶线性非齐次微分方程

$$\frac{\mathrm{d}y}{\mathrm{d}x}+p(x)y=q(x). \tag{5-12}$$

下面我们使用常数变易法来求线性非齐次方程的通解，这种方法是设想非齐次微分方程有与对应齐次方程同样形式的解，但其中的 C 不是常数，而是 x 的待定函数 $C(x)$，即令

$$y=C(x)e^{-\int p(x)\mathrm{d}x} \tag{5-13}$$

是非齐次微分方程的解.

将(5-13)两边对 x 求导得

$$y'=C'(x)e^{-\int p(x)\mathrm{d}x}-C(x)p(x)e^{-\int p(x)\mathrm{d}x}. \tag{5-14}$$

下面将式(5-13)，式(5-14)代入式(5-12)中得

$$y'+p(x)y=C'(x)e^{-\int p(x)\mathrm{d}x}=q(x). \tag{5-15}$$

由式(5-15)得

$$C(x)=\int q(x)e^{\int p(x)\mathrm{d}x}\mathrm{d}x+C.$$

由此得一阶线性非齐次微分方程(5-12)的通解公式为

$$y=e^{-\int p(x)\mathrm{d}x}\left(\int q(x)e^{\int p(x)\mathrm{d}x}\mathrm{d}x+C\right). \tag{5-16}$$

通解公式(5-16)中的不定积分 $\int p(x)\mathrm{d}x$ 与 $\int q(x)\mathrm{e}^{\int p(x)\mathrm{d}x}\mathrm{d}x$ 分别理解为某个原函数, 不用再加常数 C.

　　如果将公式(5-16)改写成两项之和

$$y = C\mathrm{e}^{-\int p(x)\mathrm{d}x} + \mathrm{e}^{-\int p(x)\mathrm{d}x}\int q(x)\mathrm{e}^{\int p(x)\mathrm{d}x}\mathrm{d}x, \qquad (5-17)$$

那么(5-17)的第一项是非齐次方程所对应的线性齐次微分方程的通解, 第二项是线性非齐次微分方程(5-12)的通解(5-16)中当 $C=0$ 时得出的一个特解. 由此可知: 一阶线性非齐次微分方程的通解由两部分组成, 一部分是对应线性齐次微分方程的通解, 另一部分是线性非齐次微分方程的一个特解.

例 5.2.1　求方程 $\dfrac{\mathrm{d}y}{\mathrm{d}x} - y\cot x = 2x\sin x$ 的通解.

解　直接代入公式 $y = \mathrm{e}^{-\int p(x)\mathrm{d}x}\left(\int q(x)\mathrm{e}^{\int p(x)\mathrm{d}x}\mathrm{d}x + C\right)$, 其中 $p(x) = -\cot x$, $q(x) = 2x\sin x$.

代入公式得

$$y = \mathrm{e}^{\int \cot x\mathrm{d}x}\left(\int 2x\sin x\mathrm{e}^{-\int \cot x\mathrm{d}x}\mathrm{d}x + C\right) = \mathrm{e}^{\ln\sin x}\left(\int 2x\sin x\mathrm{e}^{-\ln\sin x}\mathrm{d}x + C\right)$$

$$= \sin x\left(\int 2x\sin x\frac{1}{\sin x}\mathrm{d}x + C\right)$$

$$= \sin x(x^2 + C).$$

请思考

如果用常数变易法如何求解. 请同学们自己试一下.

例 5.2.2　求微分方程 $xy' + 2y = x^4$ 满足初始条件 $y\big|_{x=1} = \dfrac{1}{6}$ 的特解.

解 先将方程化为标准形式 $y' + \dfrac{2}{x}y = x^3$, 则

$$p(x) = \frac{2}{x}, q(x) = x^3.$$

代入通解公式得

$$y = \mathrm{e}^{-\int \frac{2}{x}\mathrm{d}x}\left(\int x^3 \mathrm{e}^{\int \frac{2}{x}\mathrm{d}x}\mathrm{d}x + C\right) = \mathrm{e}^{-2\ln x}\left(\int x^3 \mathrm{e}^{2\ln x}\mathrm{d}x + C\right)$$

$$= \frac{1}{x^2}\left(\int x^5 \mathrm{d}x + C\right) = \frac{1}{x^2}\left(\frac{x^6}{6} + C\right).$$

再代入初始条件 $y\big|_{x=1} = \dfrac{1}{6}$ 得 $C=0$.

故微分方程的特解为 $y=\dfrac{x^4}{6}$.

例 5.2.3 求微分方程 $y\mathrm{d}x+x\mathrm{d}y=\sin y\mathrm{d}y$ 的通解.

解 视 x 为函数，y 为自变量，将方程变形为

$$\frac{\mathrm{d}x}{\mathrm{d}y}+\frac{1}{y}x=\frac{\sin y}{y}.$$

这是一阶线性非齐次微分方程，

$$p(y)=\frac{1}{y},q(y)=\frac{\sin y}{y},$$

于是通解为

$$x=\mathrm{e}^{-\int p(y)\mathrm{d}y}\left(\int q(y)\mathrm{e}^{\int p(y)\mathrm{d}y}\mathrm{d}y+C\right)=\mathrm{e}^{-\int\frac{1}{y}\mathrm{d}y}\left(\int\frac{\sin y}{y}\mathrm{e}^{\int\frac{1}{y}\mathrm{d}y}\mathrm{d}y+C\right)$$

$$=\mathrm{e}^{-\ln y}\left(\int\frac{\sin y}{y}\mathrm{e}^{\ln y}\mathrm{d}y+C\right)=\frac{1}{y}\left(\int\frac{\sin y}{y}y\mathrm{d}y+C\right)$$

$$=\frac{1}{y}(-\cos y+C).$$

> **小贴士** 一阶线性微分方程 $\dfrac{\mathrm{d}y}{\mathrm{d}x}+p(x)y=q(x)$ 中的 x,y 地位是平等的，所以形如 $\dfrac{\mathrm{d}x}{\mathrm{d}y}+p(y)x=q(y)$ 的微分方程也是一阶线性微分方程，它的求解也可以直接利用通解公式 $x=\mathrm{e}^{-\int p(y)\mathrm{d}y}\left(\int q(y)\mathrm{e}^{\int p(y)\mathrm{d}y}\mathrm{d}y+C\right)$.

二、二阶常系数线性齐次微分方程及其解法

形如 $y''+py'+qy=0$ 的微分方程称为**二阶常系数线性齐次微分方程**，其中 p,q 为实常数.

二阶常系数线性齐次微分方程 $y''+py'+qy=0$ 的求解步骤如下：

第一步 写出方程 $y''+py'+qy=0$ 的特征方程 $r^2+pr+q=0$；

第二步 求出特征方程的特征根 r_1,r_2；

第三步 根据特征根的不同情形得出微分方程对应的通解.

特征根与对应的通解列于下表：

特征方程 $r^2+pr+q=0$ 的两个根 r_1,r_2	微分方程 $y''+py'+qy=0$ 的通解
$\Delta>0$，即有两个不同的实根 r_1,r_2	$y=C_1\mathrm{e}^{r_1x}+C_2\mathrm{e}^{r_2x}$
$\Delta=0$，即有两个相同的实根 $r_1=r_2=r_0$	$y=(C_1+C_2x)\mathrm{e}^{r_0x}$
$\Delta<0$，即有一对共轭复根 $r_{1,2}=\alpha\pm\beta\mathrm{i}$	$y=\mathrm{e}^{\alpha x}(C_1\cos\beta x+C_2\sin\beta x)$

例 5.2.4 求微分方程 $y''-11y'+24y=0$ 的通解.

解 所给方程的特征方程为 $r^2-11r+24=(r-3)(r-8)=0$，有两个互异实根 $r_1=3$，

$r_2 = 8$. 于是所求方程的通解为 $y = C_1 e^{3x} + C_2 e^{8x}$.

例 5.2.5 求微分方程 $\dfrac{d^2 x}{dt^2} + 12 \dfrac{dx}{dt} + 36x = 0$ 的通解.

解 所给方程的特征方程为 $r^2 + 12r + 36 = (r+6)^2 = 0$, 特征根为 $r_1 = r_2 = -6$, 所以所求的通解为 $x = (C_1 + C_2 t)e^{-6t}$.

例 5.2.6 求微分方程 $2y'' + y' + 2y = 0$ 的通解.

解 所给方程的特征方程为 $2r^2 + r + 2 = 0$, 特征根为 $r_{1,2} = -\dfrac{1}{4} \pm \dfrac{\sqrt{15}}{4}i$, 所以

$$\alpha = -\frac{1}{4}, \beta = \frac{\sqrt{15}}{4}.$$

于是所求方程的通解为 $y = e^{-\frac{x}{4}}\left(C_1 \cos \dfrac{\sqrt{15}x}{4} + C_2 \sin \dfrac{\sqrt{15}x}{4}\right)$.

请思考

如果已知微分方程的解, 反过来能确定微分方程吗? 请同学们自己考虑一下.

例 5.2.7（供需均衡的价格调整模型） 设某种商品, 它的价格主要由供求关系决定, 设供给量 S 与需求 D 均是依赖价格 P 的线性函数

$$\begin{cases} S = -a + bP \\ D = c - dP \end{cases} \quad (a, b, c, d \text{ 为常数}).$$

当供求平衡时, 平衡价格

$$P = \frac{a+c}{b+d}.$$

显然当供大于求即 $S > D$ 时, 则价格 P 下降; 当求大于供即 $D > S$ 时, 则价格 P 上升.

现若价格是时间 t 的函数 $P = P(t)$, 在时间 t 时, 价格的变化率与此时刻的过剩需求量 $D - S$ 成正比, 即 $\dfrac{dP}{dt} = \alpha(D - S)$, 其中 α 为大于 0 的常数, 试求价格 P 与时间 t 的函数关系. (设初始价格 $P(0) = P_0$)

由已知
$$\frac{dP}{dt} = \alpha(D - S), \alpha > 0,$$

即
$$\frac{dP}{dt} = \alpha(c - dP + a - bP) = \alpha(a+c) - \alpha(b+d)P,$$

即
$$\frac{dP}{dt} + \alpha(b+d)P = \alpha(a+c),$$

其通解为
$$P = e^{-\int p(t)dt}\left(\int q(t)e^{\int p(t)dt}dt + C\right),$$

$$p(t) = \alpha(b+d), q(t) = \alpha(a+c).$$

这里 $P = Ce^{-\alpha(b+d)t} + \dfrac{\alpha(a+c)}{\alpha(b+d)}e^{-\alpha(b+d)t} \cdot e^{\alpha(b+d)t} = Ce^{-\alpha(b+d)t} + \dfrac{a+c}{b+d} = Ce^{-\alpha(b+d)t} + P,$

由 $P(0)=P_0$ 代入上式,得 $C=P_0-\overline{P}$.

故所求价格 P 与时间 t 的函数关系为

$$P=(P_0-\overline{P})e^{-\alpha(b+d)t}+\overline{P}.$$

显然当 $t\to\infty$, $P\to\overline{P}$,即价格趋于平衡价格.

习题 5.2

1. 求下列一阶线性微分方程的通解:

(1) $\dfrac{\mathrm{d}y}{\mathrm{d}x}+y=\mathrm{e}^{-x}$;

(2) $xy'+y=x^2+3x+2$;

(3) $y'+y\tan x=\sin 2x$;

(4) $(x^2-1)y'+2xy-\cos x=0$.

2. 求下列微分方程满足初始条件的特解:

(1) $\dfrac{\mathrm{d}y}{\mathrm{d}x}-y\tan x=\sec x$, $y|_{x=0}=0$;

(2) $(t+1)\dfrac{\mathrm{d}x}{\mathrm{d}t}+x=2\mathrm{e}^{-t}$, $x|_{t=1}=0$.

第三节　数学思想方法(五)——猜想与证明

一、数学猜想及其分类

人们认识事物是一个复杂的过程,往往需要经历若干阶段才逐渐从认识事物的现象到认识事物的本质.开始只能根据已有的部分事实及结果,运用某种判断推理的思维方法,对某类事实和规律提出一种推测性的看法,这种推测性的看法就是猜想.猜想是人们依据事实、凭借直觉所做出的合情推测,是一种创造性的思维活动,具有真实性、探索性、灵活性和创造性等基本特点.

在数学中,任何一个定理,只要不是其他数学定理的直接推论,就可以经过猜想而建立起来.猜想有一定的事实依据,包含着以事实作为基础的可贵的想象成分.猜想越大胆,它所包含的想象成分就越多.数学猜想就是依据某些已知事实和数学知识,对未知量及其关系做出的一种推断,是数学中的合情推理.波利亚指出:数学中有"论证推理和合情推理"两种推理,它们是思维的两种形式、两个方面,它们之间并不矛盾,在数学的发现和发明过程中起交互作用.在严格的推理之中,首要的事情是区别证明与推测,区别正确的论证与不正确的尝试;而在合情推理中,要区别理由较多的推测与理由较少的推测.所以说,数学猜想是合情的推理,而不是不合理的乱猜.

猜想大致可分为如下几种类型:

1. 类比性猜想

这种猜想是通过比较两个对象或问题的相似性得出数学命题的猜想.在 A 和 B 两类事物中, A 有性质 P 成立, B 也有性质 P 成立, A 类中还有性质 Q 成立, B 类中是否也有性质 Q 成立呢? 这是一个类比猜想的思维过程.

2. 归纳性猜想

这种猜想是对研究对象或问题从一定的数量进行观察、分析,从而得出有关命题、结论或方法.归纳推理是针对一类事物而言的.一类事物 A 中的部分个体 $A_1, A_2, \cdots, A_n$ 都具有性质 P,那么 A 中的全部个体是否都具有性质 P 呢?这就是一个归纳猜想的思维过程.

3. 对称性猜想

这种猜想是对研究的对象或问题,运用简单性、对称性、相似性、和谐性、奇异性等,结合已有的知识和经验所做出的知觉性猜想.例如,困难的问题可能存在着简单的解答;对称的条件可能存在对称的结论并可能可以用对称变换的方法加以解决;和谐的或奇异的构思可能有助于问题的明朗化或简单化等.这些都是对称猜想的思维过程.

4. 仿造性猜想

这种猜想是运用现有的公式、定理,或是进一步限制条件,或是得出更一般的结论,从而使定理得到延展和拓宽.

5. 逆向性猜想

在解决某些数学问题时沿一种固定思路可能难以达到效果,沿相反方向进行思考,可提出新的猜想.十九世纪,数学家高斯、罗巴切夫斯基利用逆向思维,猜想到第五公理不能由其他公理或公设推出,因而可以用相反的命题代替,这样就导致非欧几何平行公理的提出和非欧几何的诞生.

二、数学猜想的几个案例

关于数学问题的猜想,有的被验证为正确的,并成为定理;有的被验证为错误的;还有一些正在验证过程中.

【应用实例 1——常数变易法】

在本章第二节中为了求一阶线性微分方程 $\dfrac{\mathrm{d}y}{\mathrm{d}x} + p(x)y = q(x)$ 的通解,我们注意到它的特殊情形——齐次方程 $\dfrac{\mathrm{d}y}{\mathrm{d}x} + p(x)y = 0$ 的通解为 $y = Ce^{-\int p(x)\mathrm{d}x}$,其中 C 为任意常数.既然后者是前者的特殊情况,那么后者的通解应该也是前者的特殊情况.由于 $q(x) \equiv 0$ 的不定积分是一个常数,当 $q(x)$ 不恒为 0 时,其不定积分是一个函数.所以我们猜想:当 $q(x)$ 不恒为 0 时,方程的通解应该是 $y = C(x)e^{-\int p(x)\mathrm{d}x}$ 的形式,即把 C 换成 $C(x)$.这种猜想正确与否,得靠我们去验证.如果这样的 $C(x)$ 存在且能求出,则我们的猜想是正确的.结果,事实证明了这样的 $C(x)$ 存在且能求出,所以 $y = C(x)e^{-\int p(x)\mathrm{d}x}$ 就是所求的通解.

【应用实例 2——哥德巴赫猜想】

哥德巴赫猜想是数论中存在最久的未解问题之一.这个猜想最早出现在 1742 年普鲁士人哥德巴赫与瑞士数学家欧拉的通信中.用现代的数学语言,哥德巴赫猜想可以陈述为:"任一大于 2 的偶数,都可表示成两个素数之和."将一个给定的偶数分拆成两个素数之和,则被称之为此数的哥德巴赫分拆.例如,$4 = 2 + 2, 6 = 3 + 3, 8 = 3 + 5, 10 = 3 + 7 = 5 + 5, 12 = 5 + 7,$ $14 = 3 + 11 = 7 + 7, \cdots$,换句话说,哥德巴赫猜想主张每个大于等于 4 的偶数都是哥德巴赫数——可表示成两个素数之和的数.哥德巴赫猜想也是二十世纪初希尔伯特第八问题中的一个子问题.

18、19 世纪，所有的数论专家对这个猜想的证明都没有做出实质性的推进，直到 20 世纪才有所突破．直接证明哥德巴赫猜想行不通，人们采取了"迂回战术"，就是先考虑把偶数表为两数之和，而每一个数又是若干素数之和．如果把命题"每一个大偶数可以表示成为一个素因子个数不超过 a 个的数与另一个素因子不超过 b 个的数之和"记作"$a+b$"，那么哥氏猜想就是要证明"$1+1$"成立．

至今为止"$a+b$"问题的推进情况为：

1920 年，挪威的布朗证明了"$9+9$"．

1924 年，德国的拉特马赫证明了"$7+7$"．

1932 年，英国的埃斯特曼证明了"$6+6$"．

1937 年，意大利的蕾西先后证明了"$5+7$"，"$4+9$"，"$3+15$"和"$2+366$"．

1938 年，苏联的布赫夕太勃证明了"$5+5$"．

1940 年，苏联的布赫夕太勃证明了"$4+4$"．

1948 年，匈牙利的瑞尼证明了"$1+c$"，其中 c 是一个很大的自然数．

1956 年，中国的王元证明了"$3+4$"，之后证明了"$3+3$"和"$2+3$"．

1962 年，中国的潘承洞和苏联的巴尔巴恩证明了"$1+5$"，中国的王元证明了"$1+4$"．

1965 年，苏联的布赫夕太勃和小维诺格拉多夫及意大利的朋比利证明了"$1+3$"．

1966 年，中国的陈景润证明了"$1+2$"．

【应用实例 3——四色问题】

四色问题的内容是："任何一张地图只用四种颜色就能使具有共同边界的国家着上不同的颜色．"用数学语言表示，即"将平面任意地细分为不相重叠的区域，每一个区域总可以用 1，2，3，4 这四个数字之一来标记，而不会使相邻的两个区域得到相同的数字．"这里所指的相邻区域，是指有一整段边界是公共的．如果两个区域只相遇于一点或有限多点，就不叫相邻的．四色问题又称为四色猜想或四色定理，是世界近代三大数学难题之一．

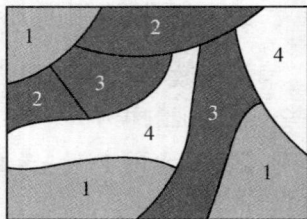

四色猜想的提出来自英国．1852 年，毕业于伦敦大学的弗南西斯·格思里来到一家科研单位搞地图着色工作时，发现了一种有趣的现象："看来，每幅地图都可以用四种颜色着色，使得有共同边界的国家都被着上不同的颜色．"这个现象能不能从数学上加以严格证明呢？他和在大学读书的弟弟格里斯决心试一试．兄弟二人为证明这一问题而使用的稿纸已经堆了一大沓，可是研究工作没有进展．1852 年 10 月 23 日，他的弟弟就这个问题的证明请教了他的老师、著名数学家德·摩根，摩根也没有能找到解决这个问题的途径，于是写信向自己的好友著名数学家汉密尔顿爵士请教．汉密尔顿接到摩根的信后，对四色问题进行论证，但直到 1865 年汉密尔顿逝世为止，问题也没有能够解决．1872 年，英国当时最著名的数学家凯利正式向伦敦数学学会提出了这个问题，于是四色猜想成为世界数学界关注的问题．1878～1880 年，著名的律师兼数学家肯普和泰勒两人分别提交了证明四色猜想的论文，宣布证明了四色定理，大家都认为四色猜想从此也就解决了．直到 1890 年，数学家赫伍德以自己的精确计算指出肯普的证明是错误的．不久，泰勒的证明也被人们否定．1913 年，伯克霍夫在前辈研究的基础上引进了一些新技巧．后来美国数学家富兰克林于 1939 年证明了 22 国以下的地图都可以用四色着色．1950 年，有人从 22 国推进到 35 国．1960 年，有人又证明

出 39 国,随后又推进到了 50 国,而这种推进仍然十分缓慢.电子计算机问世以后,由于演算速度迅速提高,加之人机对话的出现,大大加快了对四色猜想证明的进程.美国伊利诺大学哈肯在 1970 年着手改进"放电过程",后与阿佩尔合作编制一个很好的程序.就在 1976 年 6月,他们在美国伊利诺斯大学两台不同的电子计算机上,用了 1 200 个小时,做了 100 亿次判断,终于完成了四色定理的证明,轰动了世界.

"四色问题"的证明解决了一个历时 100 多年的难题,而且成为数学史上一系列新思维的起点.在"四色问题"的研究过程中,不少新的数学理论随之产生,也发展出了很多数学计算技巧.如将地图的着色问题化为图论问题,丰富了图论的内容.不仅如此,"四色问题"在有效地设计航空班机日程表、设计计算的编码程序上都起到了推动作用.不过不少数学家并不满足于计算机取得的成就,他们认为应该有一种简捷明快的书面证明方法.直到现在,仍有不少数学家和数学爱好者在寻找更简洁的证明方法.

三、数学猜想的意义

1. 猜想与验证是推动数学理论发展的强大动力

数学猜想是数学发展中最活跃、最主动、最积极的因素之一,是人类理性中最富有创造性的部分.数学猜想能够强烈地吸引数学家全身心投入,积极开展相关研究,从而强力推动数学发展.数学猜想一旦被证实,就将转化为定理,汇入数学理论体系之中,从而丰富了数学理论.

2. 猜想与验证是创造数学思想方法的重要途径

数学发展史表明,数学家在尝试解决数学猜想的过程中(无论最终是否解决)创造出大量有效的数学思想方法.这些数学方法已渗透到数学的各个分支并在数学研究中发挥着重要作用.

3. 猜想与验证是研究科学方法论的丰富源泉

首先,数学猜想作为一种研究模式,其产生与发展的规律是探讨数学科学研究方法的重要基础;其次,数学猜想作为一种研究方法,其本身就是数学方法论的研究对象,通过研究解决数学猜想中展现出的一些新方法的规律性而促进数学方法论一般原理的研究;最后,数学猜想作为数学发展的一种重要形式,它又是科学假设在数学中的一种具体体现.数学猜想的类型、特点、提出方法和解决途径对一般科学方法,尤其是对创造性思维方法的研究具有特殊价值.

复习题五

一、填空题

1. 微分方程 $y^{(4)} - xy^6 = \cos 2x$ 的阶数是_____.

2. 方程 $y' = e^{x-y}$ 的通解是_____.

3. 微分方程 $y'' + 4y' + 13y = 0$ 的通解为_____.

4. 微分方程 $y'' + 4y' + 4y = 0$ 的通解为_____.

5. 微分方程 $y'' + y' = 0$ 的通解为_____.

6. 以 $y = C_1 x e^x + C_2 e^x$ 为通解的二阶常系数线性齐次微分方程为_____.

二、单项选择题

1. 方程 $x^2 y\mathrm{d}x - \mathrm{d}y = x^2 \mathrm{d}x + y\mathrm{d}y$ 是（　　）.

　　A. 可分离变量方程　　　　　　　　B. 一阶齐次方程

　　C. 一阶线性微分方程　　　　　　　D. 二阶线性微分方程

2. 微分方程 $y\mathrm{d}x - x\mathrm{d}y = x^2 \mathrm{e}^x \mathrm{d}x$ 是（　　）.

　　A. 可分离变量方程　　　　　　　　B. 一阶齐次方程

　　C. 一阶线性微分方程　　　　　　　D. 二阶线性微分方程

3. 下列方程为可分离变量方程的是（　　）.

　　A. $(x+y)\mathrm{d}x = y^2 \mathrm{d}y$　　　　　　B. $x(y\mathrm{d}x - \mathrm{d}y) = y\mathrm{d}x$

　　C. $x^2 \mathrm{d}y + y\mathrm{d}x = (1+x)\mathrm{d}x$　　　D. $x(\mathrm{d}x + \mathrm{d}y) = y(\mathrm{d}x - \mathrm{d}y)$

4. 方程 $y' + \dfrac{2}{x}y + x = 0$ 满足条件 $y|_{x=2} = 0$ 的特解是 $y = $（　　）.

　　A. $\dfrac{1}{x^2}(\ln 2 - \ln x)$　　　　　　B. $\dfrac{4}{x^2} - \dfrac{x^2}{4}$

　　C. $\dfrac{x^2}{4} - \dfrac{4}{x^2}$　　　　　　　D. $x^2(\ln x - \ln 2)$

三、计算题

求解下列一阶微分方程，若带初始条件，求特解.

1. $y' = \dfrac{1-x^2}{xy}$，$y|_{x=1} = 1$.

2. $xy' = 3x + 2y$.

3. $y' = \dfrac{1}{2\mathrm{e}^y - x}$.

4. $\dfrac{\mathrm{d}y}{\mathrm{d}x} = \dfrac{1}{x^2 + y^2 + 2xy}$.

参考答案

第一章

习题 1.1

1. (1) $[-2,2]$；(2) $(1,+\infty)$；(3) $[-1,2)$；(4) $(1,e)$.

2. (1) 非奇非偶函数；(2) 奇函数；(3) 偶函数.

3. $f(0)=0$；$f(-1)=-\dfrac{\pi}{4}$；$f(x^2-1)=\arctan(x^2-1)$.

4. $f(x)=1+2x^2$；$f(\cos x)=1+2\cos^2 x$.

5. (1) $y=\cos u,u=x^2$；(2) $y=\ln u,u=v^5,v=\sin x$；(3) $y=u^3,u=\sin v,v=2x+\dfrac{\pi}{5}$；(4) $y=e^u,u=\sin v,v=3x$；(5) $y=2^u,u=\ln v,v=x^3+2$；(6) $y=\ln u,u=\arctan v,v=\sqrt{w},w=1+x^2$.

习题 1.2

1. D.

2. $\lim\limits_{x\to1^-}f(x)=\lim\limits_{x\to1^-}(x^2-1)=0$，$\lim\limits_{x\to1^+}f(x)=\lim\limits_{x\to1^+}1=1$，所以 $\lim\limits_{x\to1^-}f(x)\neq\lim\limits_{x\to1^+}f(x)$，故 $\lim\limits_{x\to1}f(x)$ 不存在.

3. A.

4. (1) 无穷小；(2) 无穷大；(3) $x\to0^+$，无穷大，$x\to0^-$，无穷小；(4) 无穷小；(5) 无穷大；(6) 无穷小.

5. C.

6. (1) 0；(2) 1.

习题 1.3

1. (1) 0；(2) 4；(3) 0；(4) $-\dfrac{4}{5}$；(5) 0；(6) $\dfrac{3}{7}$.

2. (1) $-\dfrac{1}{9}$；(2) 1；(3) 2；(4) $-2\sqrt{2}$；(5) -2；(6) e^{-8}；(7) e^{-5}；(8) e^{-6}.

习题 1.4

1. (1) 不正确；(2) 正确；(3) 不正确.

2. $a=1$.

3. (1) $\dfrac{1}{4}$；(2) a；(3) 1；(4) 1.

4. 略.

5. 90 017.131 3 英镑，约 90 倍.

复习题一

一、**1.** $[-5,5)$. **2.** 奇函数. **3.** $y=\sqrt{u},u=\ln v,v=x+1$. **4.** $\dfrac{1}{2}$. **5.** $1,0^+$ 或 $+\infty$. **6.** e^2,e^{-3}.

7. $(-1)^{m-n}\dfrac{m}{n}$. **8.** $1,4$.

二、**1.** C. **2.** B. **3.** A. **4.** C. **5.** B. **6.** C.

三、**1.** $\dfrac{1}{2}$. **2.** $-\dfrac{1}{2}$. **3.** $\dfrac{3}{5}$. **4.** e^{-2}. **5.** $\dfrac{1}{a}$. **6.** e^{a}. **7.** $\dfrac{1}{2}$. **8.** 0. **9.** $\dfrac{3}{2}$. **10.** $-\dfrac{1}{2}$.

四、**1.** e^{-4}. **2.** 连续. **3.** 略. **4.** 4 927.75 元.

第二章

习题 2.1

1. (1) -2;(2) 3. **2.** -20. **3.** 切线方程为 $y-\dfrac{1}{2}=-\dfrac{1}{4}(x-2)$,即 $x+4y-4=0$;法线方程为

$y-\dfrac{1}{2}=4(x-2)$,即 $8x-2y-15=0$. **4.** $(1,1)$,$(-1,-1)$. **5.** 不可导.

习题 2.2

1. (1) $y'=4x+\dfrac{3}{x^4}+5$;(2) $y'=2x\sin x+x^2\cos x$;(3) $y'=-\dfrac{1}{2x\sqrt{x}}+\dfrac{1}{4\sqrt{x}}$;(4) $y'=\dfrac{\sin x-1}{(x+\cos x)^2}$;

(5) $y'=3x^2-1-\dfrac{3}{x^4}+\dfrac{1}{x^2}$;(6) $y'=0$;(7) $y'=\dfrac{\tan x+x\sec^2 x-x^2\tan x+x^3\sec^2 x}{(1+x^2)^2}$;(8) $y'=\dfrac{2\ln 10\cdot 10^x}{(10^x+1)^2}$;

(9) $y'=3e^x\sin x-e^x\cos x$;(10) $y'=-\dfrac{11}{(2x-1)^2}$;(11) $y'=2\sec x\tan x+\dfrac{\arctan x}{\sqrt[3]{x^2}}+\dfrac{3\sqrt[3]{x}}{1+x^2}$;(12) $y'=\cos 2x$;

(13) $y'=\dfrac{2}{x^2}-\dfrac{2}{x^3}$;(14) $y'=4x+3$;(15) $y'=\ln x+1$;(16) $y'=\dfrac{xe^x-e^x}{x^2}$;(17) $y=-\dfrac{1+2x\text{arccot}x}{(1+x^2)^2}$;

(18) $y'=-\cot^2 x\csc x-\csc^3 x$;(19) $y'=15^x\ln 15-6^x\ln 6+2\cdot 3^x\ln 3$;(20) $y'=-\dfrac{\ln 2}{2^x}-2^x\ln 2+3^x\ln 3$;

(21) $y'=e^x\sec x(1+x+x\tan x)$;(22) $y'=\cos 2x-\sin x$;(23) $y'=1+\dfrac{1}{x^2}$;(24) $y'=2^x\ln 2(x^3\ln 2+3x^2-$

$\ln 2)$;(25) $y'=1$;(26) $y'=2x-1$;(27) $y=\dfrac{2(1+x^2-2x^2\ln x)}{x(1+x^2)^2}$;(28) $y'=-\sin x-2\cos x$;(29) $y'=$

$2x\log_3 x+\dfrac{x}{\ln 3}$;(30) $y'=\dfrac{x-\sqrt{1-x^2}\arcsin x}{x^2\sqrt{1-x^2}}$.

2. (1) $y'\Big|_{x=\frac{\pi}{6}}=\dfrac{\sqrt{3}+1}{2}$,$y'\Big|_{x=\frac{\pi}{4}}=\sqrt{2}$;(2) $\dfrac{\mathrm{d}p}{\mathrm{d}\varphi}\Big|_{\varphi=\frac{\pi}{4}}=\dfrac{\sqrt{2}(\pi+2)}{8}$;(3) $f'(0)=\dfrac{3}{25}$,$f'(2)=\dfrac{17}{15}$.

3. (1) $y'=4\cos 4x$;(2) $y'=-4e^{-4x}$;(3) $y'=2\sin 2x$;(4) $y'=3(2\sin x+x)^2(2\cos x+1)$;(5) $y'=$

$\dfrac{3}{2(3x-1)}$;(6) $y'=1-3\sqrt{x}+2x$;(7) $y'=\dfrac{1}{2\sqrt{x-x^2}}$;(8) $y'=2\ln 2\tan x\sec^2 x\cdot 2^{\tan^2 x}$;(9) $y'=$

$\dfrac{2(4+\log_2 x)}{x\ln 2}$;(10) $y'=e^{\sin x}(1+x\cos x)$;(11) $y'=12x^3(x^4-1)^2$;(12) $y'=\dfrac{2\sqrt{x}+1}{4\sqrt{x(x+\sqrt{x})}}$;(13) $y'=$

$\dfrac{1}{x\ln x\cdot\ln(\ln x)}$;(14) $y'=3(\sin x+\cos x)^2(\cos x-\sin x)$;(15) $y'=\dfrac{-\sin 2\sqrt{1-2x}}{\sqrt{1-2x}}$;(16) $y'=\dfrac{2^{\sqrt{x}}\ln 2}{2\sqrt{x}}$;

(17) $y'=\dfrac{-3\left(\arcsin\dfrac{1}{x}\right)^2}{x\sqrt{x^2-1}}$;(18) $y'=\dfrac{-\sin 2x}{\sqrt{1-\sin^4 x}}$;(19) $y'=\dfrac{x}{\sqrt{x^2-2}(3+\sqrt{x^2-2})}$;(20) $y'=\dfrac{\sin 4x}{2}$;

(21) $y'=e^{-3x}(2\cos 2x-3\sin 2x)$;(22) $y'=\dfrac{1}{1-x^2}$;(23) $y'=\dfrac{5}{(1+25x^2)\text{arctan}5x}$;(24) $y'=2x\ln 4\cdot 4^{\sin x^2}\cos x^2$;

(25) $y'=-\dfrac{6x^2\text{arccot}x^3}{1+x^6}$;(26) $y'=\dfrac{4\sec 4x\tan 4x(1+\sin 2x)-2\sec 4x\cos 2x}{(1+\sin 2x)^2}$;(27) $y'=-e^{-x}[\cot(x^2-1)+$

$2x\csc^2(x^2-1)]$;(28) $y'=\csc x$;(29) $y'=\dfrac{2}{x^3}\csc\dfrac{1}{x^2}\cot\dfrac{1}{x^2}e^{\csc\frac{1}{x^2}}$;(30) $y'=\left(1+\dfrac{1}{x^2}\right)\sec 3x+$

经济数学(上册)

124

$3\left(x-\dfrac{1}{x}\right)\sec 3x\tan 3x$；(31) $y'=-2\cot x(4-\ln\sin x)$；(32) $y'=-\mathrm{e}^{7x}(1+7x)\sin(x\mathrm{e}^{7x})$；(33) $y'=\dfrac{-2}{3\sqrt[3]{(10-2x)^2}}$；(34) $y'=\dfrac{2\sqrt{1-4x^2}+4x\arcsin 2x}{\sqrt{(1-4x^2)^3}}$；(35) $y'=3(2^x-4^x)^2(2^x\ln 2-4^x\ln 4)$；(36) $y'=\dfrac{-3\sin 3x\sin 2x-2\cos 3x\cos 2x}{\sin^2 2x}$；(37) $y'=\dfrac{8x}{1+(4x^2-3)^2}$；(38) $y'=\dfrac{1-6x^2}{x-2x^3}$；(39) $y'=5^{x-\frac{2}{x}}\left(1+\dfrac{2}{x^2}\right)\ln 5$；
(40) $y'=2x\ln 3x+x$.

4. (1) $y'''=6,y^{(4)}=0$；(2) $y''=6-\dfrac{2}{x^3}$；(3) $y''=3(x^2+4x)^2(5x^2+20x+16)$；(4) $y''=\mathrm{e}^x(x+2)$；(5) $y''=\dfrac{1}{x}$.

习题 2.3

1. (1) 1；(2) $\dfrac{3}{5}$；(3) 2；(4) $\dfrac{1}{2}$；(5) 2；(6) $\dfrac{4}{9}$.

2. (1) 当 $x=1$ 时，极小值为 -1，当 $x=0$ 时，极大值为 0；(2) 当 $x=-1$ 时，极小值为 $1-\dfrac{\pi}{2}$，当 $x=1$ 时，极大值为 $\dfrac{\pi}{2}-1$；(3) 当 $x=\dfrac{1}{\mathrm{e}}$ 时，极小值为 $-\dfrac{1}{\mathrm{e}}$；(4) 当 $x=-2$ 时，极小值为 $\dfrac{8}{3}$，当 $x=0$ 时，极大值为 4.

3. (1) 凸区间为 $(-\infty,2]$，凹区间为 $[2,+\infty)$，拐点为 $\left(2,\dfrac{2}{\mathrm{e}^2}\right)$；(2) 凹区间为 $(-\infty,+\infty)$，无拐点；(3) 凹区间是 $\left(-\infty,\dfrac{1}{2}\right]$，凸区间是 $\left[\dfrac{1}{2},+\infty\right)$，拐点是 $\left(\dfrac{1}{2},\mathrm{e}^{\arctan\frac{1}{2}}\right)$；(4) 凹区间是 $[-1,1]$，凸区间是 $(-\infty,-1]$，$[1,+\infty)$，拐点是 $(-1,\ln 2)$，$(1,\ln 2)$.

4. $a=2$，极大值为 $\sqrt{3}$.

5. $a=-\dfrac{3}{2},b=\dfrac{9}{2}$.

习题 2.4

1. 600.

2. $P=10$ 时，弹性为 -0.25. 说明若价格提高 1%，需求量将会减少 0.25%. $P=25$ 时，弹性为 -1. 说明若价格提高 1%，需求量将会减少 1%.

3. 5,50.

习题 2.5

1. (1) $\mathrm{d}y=2x\arctan x\mathrm{d}x+\dfrac{x^2}{1+x^2}\mathrm{d}x$；(2) $\mathrm{d}y=\sin 2x\mathrm{d}x+2x\cos 2x\mathrm{d}x$；(3) $\mathrm{d}y=\dfrac{x}{x^2-1}\mathrm{d}x$；(4) $\mathrm{d}y=(2x\mathrm{e}^{3x}+3x^2\mathrm{e}^{3x})\mathrm{d}x$.

2. 240.

复习题二

一、**1.** $5A$. **2.** $\mathrm{e}x^{\mathrm{e}-1}+\mathrm{e}^x+\dfrac{1}{x}$. **3.** $\dfrac{\pi}{2}$. **4.** $(1,0)$. **5.** $\mathrm{e}^x\cos(\mathrm{e}^x+1)\mathrm{d}x$. **6.** $n!$. **7.** $3,1$.

二、**1.** A. **2.** A. **3.** A. **4.** B. **5.** D. **6.** C.

三、**1.** (1) $10^x\ln 10+10x^9+\dfrac{1}{x}$；(2) $-\dfrac{1+5x^2}{2x\sqrt{x}}$；(3) $\dfrac{7}{8}x^{-\frac{1}{8}}$；(4) $\dfrac{\ln x}{x\sqrt{1+\ln^2 x}}$；(5) $2x\sin\dfrac{1}{x}-\cos\dfrac{1}{x}$；
(6) $\dfrac{2\arccos\frac{x}{2}}{\sqrt{4-x^2}}$. **2.** (1) 2；(2) $\dfrac{4}{\mathrm{e}}$；(3) 2；(4) ∞. **3.** (1) $4\left[(4x)^{-\frac{2}{3}}-\ln 3\cdot 3^{-4x}\right]\mathrm{d}x$；

(2) $\left(-\dfrac{1}{x}+\dfrac{1}{\sqrt{x^2-1}}\right)\mathrm{d}x$；(3) $-\mathrm{e}^{1-3x}(3\cos x+\sin x)\mathrm{d}x$；(4) $\dfrac{\sin 2x}{2\sqrt{1+\sin^2 x}}\mathrm{d}x$.   **4.** $x=-1$ 时，取得极大值

$y=0$；$x=1$ 时，取得极小值 $y=-3\sqrt[3]{4}$.   **5.** $x=4$ 时，最大值 142；$x=1$ 时，最小值 7.   **6.** $a=0,b=-3$；极

值点 $x=-1,x=1$；拐点 $(0,0)$.

第三章

习题 3.1

1. (1) $x+y>0$；(2) $-2\leqslant x\leqslant 2$ ，$y\geqslant 2$ 或 $y\leqslant-2$.

2. $\dfrac{21}{2},0$.

3. $2,\dfrac{1-\sqrt{2}}{2}$.

4. $f(x,y)=\dfrac{1}{2}(x^2-xy)$.

习题 3.2

1. (1) $\dfrac{\partial z}{\partial x}=-\dfrac{2y}{(x-y)^2}$，$\dfrac{\partial z}{\partial y}=\dfrac{2x}{(x-y)^2}$；(2) $\dfrac{\partial z}{\partial x}=\left(\dfrac{1}{3}\right)^{\frac{y}{x}}\cdot\dfrac{y}{x^2}\ln 3$，$\dfrac{\partial z}{\partial y}=-\left(\dfrac{1}{3}\right)^{\frac{y}{x}}\cdot\dfrac{1}{x}\ln 3$；

(3) $\dfrac{\partial z}{\partial x}=y\cos(xy)\tan\dfrac{y}{x}-\dfrac{y}{x^2}\sin(xy)\sec^2\dfrac{y}{x}$，$\dfrac{\partial z}{\partial y}=x\cos(xy)\tan\dfrac{y}{x}+\dfrac{1}{x}\sin(xy)\sec^2\dfrac{y}{x}$；

(4) $\dfrac{\partial z}{\partial x}=\dfrac{1}{1+x^2}$，$\dfrac{\partial z}{\partial y}=\dfrac{1}{1+y^2}$.

2. (1) $\dfrac{\partial^2 z}{\partial x^2}=\dfrac{1}{x}$，$\dfrac{\partial^2 z}{\partial x\partial y}=\dfrac{\partial^2 z}{\partial y\partial x}=\dfrac{1}{y}$，$\dfrac{\partial^2 z}{\partial y^2}=-\dfrac{x}{y^2}$；(2) $\dfrac{\partial^2 z}{\partial x^2}=(2\mathrm{e}^x+x\mathrm{e}^x)\sin y$，

$\dfrac{\partial^2 z}{\partial x\partial y}=\dfrac{\partial^2 z}{\partial y\partial x}=(\mathrm{e}^x+x\mathrm{e}^x)\cos y,\dfrac{\partial^2 z}{\partial y^2}=-x\mathrm{e}^x\sin y.$

3. (1) $\mathrm{d}z=\left(y+\dfrac{1}{y}\right)\mathrm{d}x+x\left(1-\dfrac{1}{y^2}\right)\mathrm{d}y$；(2) $\mathrm{d}z=-\dfrac{1}{x}\mathrm{e}^{\frac{y}{x}}\left(\dfrac{y}{x}\mathrm{d}x-\mathrm{d}y\right)$；(3) $\mathrm{d}z=\mathrm{e}^{x+y}[\cos y(\sin x+$

$\cos x)\mathrm{d}x+\sin x(\cos y-\sin y)\mathrm{d}y]$；(4) $\mathrm{d}z=\dfrac{|y|}{y\sqrt{y^2-x^2}}\left(\mathrm{d}x-\dfrac{x}{y}\mathrm{d}y\right)$.

习题 3.3

1. 250 个劳动力，50 个单位资本.

2. $\dfrac{19}{5},\dfrac{11}{5},\dfrac{588}{25}$.

3. 当 $x=120,y=180$ 时，利润最大，此时最大利润为 $L(120,180)=320$.

复习题三

一、**1.** $f(x)=\dfrac{\sqrt{1+x^2}}{x}$.   **2.** $\dfrac{\partial z}{\partial x}\bigg|_{(1,0)}=1$，$\mathrm{d}z\bigg|_{(1,0)}=\mathrm{d}x+\dfrac{1}{2}\mathrm{d}y$.   **3.** $\dfrac{\partial^2 z}{\partial x\partial y}\bigg|_{\substack{x=2\\y=3}}=4(1+3\ln 2)$.

二、**1.** D.   **2.** D.   **3.** C.   **4.** C.

三、**1.** (1) $\dfrac{\partial z}{\partial x}=\dfrac{2x+y}{\sqrt{1-(x^2+xy+y^2)^2}}$，$\dfrac{\partial z}{\partial y}=\dfrac{x+2y}{\sqrt{1-(x^2+xy+y^2)^2}}$；

(2) $\dfrac{\partial z}{\partial x}=\cos y\cdot\cos x\cdot(\sin x)^{\cos y-1}$，$\dfrac{\partial z}{\partial y}=-(\sin x)^{\cos y}(\ln\sin x)\cdot\sin y$.

2. $\mathrm{d}z=\left(2x\dfrac{\partial f}{\partial u}+y\mathrm{e}^{xy}\dfrac{\partial f}{\partial v}\right)\mathrm{d}x+\left(-2y\dfrac{\partial f}{\partial u}+x\mathrm{e}^{xy}\dfrac{\partial f}{\partial v}\right)\mathrm{d}y$.

3. $\dfrac{\partial^2 z}{\partial x^2}=\dfrac{4-4z+z^2+x^2}{(2-z)^3}$，$\dfrac{\partial^2 z}{\partial y\partial x}=\dfrac{xy}{(2-z)^3}$.

四、略.

第四章

习题 4.1

1. 1.

2. $b-a$. **3.** (1) 1;(2) $\dfrac{1}{4}\pi a^2$.

4. 1.

习题 4.2

1. (1) x^2-2^x+C;(2) $3x^2$;(3) $\mathrm{e}^x+\cos x$.

2. (1) $-\dfrac{1}{4}\cos 4x+2\sin\sqrt{x}+\mathrm{e}^{-x}+C$;(2) $\ln|\ln x|-\mathrm{e}^{\frac{1}{x}}+\dfrac{1}{2}\mathrm{e}^{-x^2}+C$;(3) $\mathrm{e}^{\arcsin x}+C$;

(4) $\dfrac{1}{3}(\arctan x)^3+C$;(5) $\dfrac{1}{9}(3x-1)^3+C$;(6) $-\dfrac{3}{4}(3-2x)^{\frac{2}{3}}+C$;(7) $-2\cos(\sqrt{x}+1)+C$;

(8) $\arcsin(\ln x)+C$;(9) $-\dfrac{1}{3}(1-x^2)^{\frac{3}{2}}+C$;(10) $\dfrac{1}{2}\arcsin\dfrac{x^2}{2}+C$;(11) $\ln(x^2-3x+4)+C$;

(12) $\dfrac{1}{3}\ln\left|\dfrac{x-1}{x+2}\right|+C$;(13) $\dfrac{1}{3}\arcsin 3x+C$;(14) $\dfrac{1}{3}\arctan 3x+C$;(15) $-2\sqrt{1-x^2}+C$;(16) $\dfrac{1}{8}\ln(9+$

$4x^2)+C$;(17) $\dfrac{1}{3}\sin^3 x-\dfrac{1}{5}\sin^5 x+C$;(18) $\tan x-\dfrac{3}{2}x+\dfrac{1}{4}\sin 2x+C$;(19) $\dfrac{1}{2}\tan^2 x+\ln|\cos x|+C$;

(20) $\arcsin\mathrm{e}^x+C$;(21) $\dfrac{1}{11}\sin^{11}x+C$;(22) $-\dfrac{2}{7}\cos^7 x+C$.

3. (1) $x+1-2\sqrt{x+1}+2\ln(1+\sqrt{x+1})+C$;(2) $\dfrac{3}{2}\sqrt[3]{(x+2)^2}-3\sqrt[3]{x+2}+3\ln|1+\sqrt[3]{x+2}|+C$;

(3) $2\sqrt{x}-4\sqrt[4]{x}+4\ln(1+\sqrt[4]{x})+C$;(4) $2\sqrt{x}-3\sqrt[3]{x}+6\sqrt[6]{x}-6\ln(1+\sqrt[6]{x})+C$.

4. (1) $2\arcsin\dfrac{x}{2}+\dfrac{x}{2}\sqrt{4-x^2}+C$;(2) $\dfrac{1}{2}\arcsin x-\dfrac{x}{2}\sqrt{1-x^2}+C$;(3) $-\dfrac{\sqrt{1+x^2}}{x}+C$;(4) $\dfrac{1}{2}\ln(2x+$

$\sqrt{4x^2+9})+C$.

5. (1) $\dfrac{1}{3}x\sin 3x+\dfrac{1}{9}\cos 3x+C$;(2) $-\dfrac{1}{5}x\cos 5x+\dfrac{1}{25}\sin 5x+C$;(3) $\dfrac{1}{3}x\mathrm{e}^{3x}-\dfrac{1}{9}\mathrm{e}^{3x}+C$;(4) $\dfrac{1}{2}x^2\mathrm{e}^{2x}-$

$\dfrac{1}{2}x\mathrm{e}^{2x}+\dfrac{1}{4}\mathrm{e}^{2x}+C$;(5) $x\arctan x-\dfrac{1}{2}\ln(1+x^2)+C$;(6) $x\arcsin x+\sqrt{1-x^2}+C$.

6. (1) $\dfrac{1}{101}$;(2) $\mathrm{e}-1$;(3) $\dfrac{4}{\ln 5}$;(4) 3;(5) 1;(6) 4.

7. (1) $\dfrac{7}{72}$;(2) $5(1-\sqrt[5]{16})$;(3) $\dfrac{2}{7}$;(4) $\dfrac{3}{2}$;(5) $\dfrac{\pi}{2}$;(6) $\dfrac{\pi}{2}-\dfrac{4}{3}$;(7) $\ln(\sqrt{2}+1)-\dfrac{1}{2}\ln 3$;(8) $2(\sqrt{3}-1)$.

8. (1) 1;(2) $\dfrac{1}{4}(\mathrm{e}^2+1)$;(3) $2\left(1-\dfrac{1}{\mathrm{e}}\right)$;(4) $\dfrac{4\pi}{3}-\sqrt{3}$.

9. (1) 1;(2) 发散.

习题 4.3

1. (1) $\mathrm{e}+\mathrm{e}^{-1}-2$; (2) $b-a$;(3) $\dfrac{7}{6}$;(4) $\dfrac{32}{3}$.

2. (1) $\dfrac{\pi}{3}$;(2) $\dfrac{\pi}{2}$.

3. (1) $200,\dfrac{50}{3}$;(2) $120x-\dfrac{2}{3}x^2-8$;(3) 90.

复习题四

一、**1.** 曲边梯形. **2.** $3,2\pi$. **3.** 原函数. **4.** $4x$. **5.** $2x+\dfrac{2}{3}x^{\frac{3}{2}}+C,\mathrm{e}^x-\dfrac{1}{2}\ln|x|+C$. **6.** 3.

7. 0. **8.** 1.

二、**1.** D. **2.** B. **3.** C. **4.** D. **5.** A. **6.** C.

三、**1.** (1) $\dfrac{2}{5}x^{\frac{5}{2}}+\dfrac{4}{3}x^{\frac{3}{2}}+C$; (2) $\dfrac{1}{2}x^2+5\ln|x|+\dfrac{3}{x}+C$; (3) $\tan x-\sec x+C$; (4) $\mathrm{e}^x-2\sqrt{x}+C$;

(5) $\dfrac{15}{4}$; (6) $\dfrac{40}{3}$; (7) $\mathrm{e}-\dfrac{1}{3}$; (8) $\dfrac{a\mathrm{e}-1}{1+\ln a}$; (9) $1-\dfrac{\pi}{4}$.

2. (1) $\dfrac{1}{16}(4x-5)^4+C$; (2) $\dfrac{2}{3}\sqrt{1+3x}+C$; (3) $\dfrac{1}{3}\mathrm{e}^{3x+2}+C$; (4) $-\cos(\mathrm{e}^x)+C$; (5) $-\ln2$; (6) $\dfrac{4}{3}$;

(7) 0; (8) $\dfrac{\pi^2}{32}$.

3. $\mathrm{e}+\dfrac{4}{3}$.

4. (1) $2+2\ln\dfrac{2}{3}$; (2) $\sqrt{2}-\dfrac{2}{3}\sqrt{3}$; (3) $4-2\arctan2$; (4) $\dfrac{\pi}{3}-\dfrac{\sqrt{3}}{2}$; (5) $\dfrac{1}{2}$; (6) $2-\dfrac{\pi}{2}$.

5. (1) $\dfrac{\pi-2\ln2}{4}$; (2) $\dfrac{1}{2}(\mathrm{e}^{\frac{\pi}{2}}-1)$; (3) 1; (4) $\dfrac{1}{2}$.

6. (1) 发散; (2) $\dfrac{1}{\pi}$.

四、**1.** $\dfrac{4}{3}$. **2.** $2\pi+\dfrac{4}{3},6\pi-\dfrac{4}{3}$. **3.** e. **4.** $\dfrac{128\pi}{7},\dfrac{64\pi}{5}$. **5.** 12π.

第五章

习题 5.1

1. (1) 二阶; (2) 一阶; (3) 五阶; (4) 二阶.

2. $y=\dfrac{x}{2}+2$.

3. (1) $(1+y^2)=C(1+x^2)$; (2) $y=\mathrm{e}^{Cx}$; (3) $\sin x\sin y=C$; (4) $3\mathrm{e}^{-y^2}-2\mathrm{e}^{3x}=C$; (5) $\tan x\tan y=C$;

(6) $y^4(4-x)=Cx$.

4. (1) $y=\ln\dfrac{\mathrm{e}^{2x}+1}{2}$; (2) $(\mathrm{e}^x+1)\sec y=2\sqrt{2}$.

习题 5.2

1. (1) $y=\mathrm{e}^{-x}(x+C)$; (2) $y=\dfrac{x^2}{3}+\dfrac{3x}{2}+2+\dfrac{C}{x}$; (3) $y=C\cos x-2\cos^2 x$; (4) $y=\dfrac{\sin x+C}{x^2-1}$.

2. (1) $y=\dfrac{x}{\cos x}$; (2) $x=\dfrac{2}{t+1}(\mathrm{e}^{-1}-\mathrm{e}^{-t})$.

复习题五

一、**1.** 四阶. **2.** $\mathrm{e}^x-\mathrm{e}^y=C$. **3.** $y=\mathrm{e}^{-2x}(C_1\cos3x+C_2\sin3x)$. **4.** $y=(C_1+C_2x)\mathrm{e}^{-2x}$. **5.** $y=C_1$

$+C_2\mathrm{e}^{-x}$. **6.** $y''-2y'+y=0$.

二、**1.** A. **2.** C. **3.** B. **4.** B.

三、**1.** $y^2=\ln x^2-x^2+C$. **2.** $y=Cx^2-3x$. **3.** $x=\mathrm{e}^y+C\mathrm{e}^{-y}$. **4.** $y=\arctan(x+y)+C$.

参考文献

［1］骈俊生.高等数学(上、下册)［M］.北京:高等教育出版社,2012.

［2］周晓.经济数学基础(第二版)［M］.南京:南京大学出版社,2011.

［3］魏寒柏,骈俊生.高等数学［M］.北京:高等教育出版社,2014.

［4］同济大学数学系.高等数学(第七版)［M］.北京:高等教育出版社,2014.

［5］赵树嫄.微积分［M］.北京:中国人民大学出版社,1988.

［6］陈笑缘.经济数学(第二版)［M］.北京:高等教育出版社,2014.